万霞老师的班

大夏书系·班主任专业成长丛书

万 霞 ◎ 著

华东师范大学出版社
全国百佳图书出版单位

图书在版编目（CIP）数据

万霞老师的班 / 万霞著. —上海：华东师范大学出版社，2015.4
ISBN 978 - 7 - 5675 - 3333 - 2

Ⅰ. ①万… Ⅱ. ①万… Ⅲ. ①小学教育—文集 Ⅳ. ①G62 - 53

中国版本图书馆 CIP 数据核字（2015）第 071638 号

大夏书系·班主任专业成长丛书

万霞老师的班

著　　者	万　霞
策划编辑	李永梅　程晓云
审读编辑	王　悦
封面设计	戚开刚

出版发行	华东师范大学出版社
社　　址	上海市中山北路 3663 号　邮编　200062
网　　址	www.ecnupress.com.cn
电　　话	021 - 60821666　　行政传真　021 - 62572105
客服电话	021 - 62865537
邮购电话	021 - 62869887　　地址　上海市中山北路 3663 号华东师范大学校内先锋路口
网　　店	http://hdsdcbs.tmall.com

印 刷 者	北京季蜂印刷有限公司
开　　本	700×1000　16 开
插　　页	1
印　　张	15
字　　数	229 千字
版　　次	2015 年 8 月第一版
印　　次	2020 年 7 月第二次
印　　数	6 101 - 7 100
书　　号	ISBN 978 - 7 - 5675 - 3333 - 2/G·8133
定　　价	32.00 元

出版人	王　焰

（如发现本版图书有印订质量问题，请寄回本社市场部调换或电话 021-62865537 联系）

目录 contents

001　　序　言　小故事，大教育

001　　第一章　新生一周

桌子坏了 /003

你最淘气 /005

起步就在正道上 /007

第一次在学校吃饭 /009

笑　话 /010

011　　第二章：乐享生活

老师是"全才" /013

"寻找自由"的蜥蜴 /016

"牙仙"的故事 /018

课间万象 /019

校园游 /021

充　实 /024

"小野马"们 /026

我们的大家庭 /028

"精致一(9)班"工作计划 /030

"精致一(9)班"活动筹划剪影 /034

让我们慢慢靠近 /038

"精致一(9)班"活动剪影 /040

带着孩子慢慢品味 /042

台湾行第一天 /045

台湾行第二天 /047

台湾行第三天 /048

久违了,朋友们 /051

新年快乐! /053

渴望有期待的春节 /055

方向对了,行动和努力才有价值与意义 /058

"精致"生活新开始 /060

最美、最享受的过程 /062

班　会 /064

爱上阅读 /065

贵在坚持 /067

后面的同学,你们好吗? /070

与科学家爷爷的对话 /071

"桥之梦"带给孩子们的 /078

享受班级的幸福生活 /082

089　第三章　走近孩子

不能兑现的承诺 /091

孩子的心结 /094

闲话三题 /096

这个苹果怎么吃 /099

"猴子成佛"记 /101

让孩子认识"对"与"错" /106

细化要求 /108

透　视 /110

夸夸我的好同学 /113

"好玩儿" /114

专时专用 /116

谦让原来如此美好 /118

华的"华丽转身" /120

127　第四章　快意课堂

"过生日" /129

和孩子一起穿越 /132

有趣的数数 /135

我们一起变魔术 /138

141　第五章　彩虹桥吧

个体——集体（1） /143

谈入学焦虑症 /145

割草机父母 /147

架起一座彩虹桥 /148

"开学一月摧垮6年教育观" /153

清源活水　润物无声 /158

舍　得 /161

反思"家长开放日" /163

个体——集体（2） /165

致家长们的一封信（1） /167

"奉献人生"or"索要人生" /170

非爱行为 /172

致家长们的一封信（2） /173

如果可以，请让我对你说声"对不起" /175

六七岁的孩子什么最重要 /178

座位！是也？非也？ /182

我眼中的小淘气 /184

谁为孩子续写未来 /188

静等花开 /192

让孩子的内心强大 /197

致家长们的一封信（3） /200

教育的偏科 /203

家长成绩单 /206

219　第六章　亲情绽放

子欲养，亲不待 /221

收获的喜悦 /222

乌龙峡谷 /224

写给天堂的妈妈 /226

富有＝？ /229

序　言

小故事，大教育

记得我刚参加工作不久，学校组织老师们读书，苏联著名教育大家阿莫纳什维利的《孩子们，你们好！》和苏霍姆林斯基的《帕夫雷什中学》从此影响了我的整个教师生涯，他们的书就像非常实用的教学法指导手册，帮助我们学习怎样做一个好老师。

翻开万霞老师这本书，让我想起了那些曾经对我影响深远的教育巨著。眼前跳跃的一个个小故事，在万老师的笔下，与这些教育大家们所讲述的何其相似。那跨越时空恒久不变的就是老师对学生的挚爱，这份爱表现为对儿童的独特性和差异性的尊重。孩子们体会到了老师的这份爱，因此，他们越来越喜欢老师，越来越相信老师，越来越听从老师的教导，老师也在其中享受着成长的喜悦。学生成长中的每一个小小的问题与万老师相遇后，都变得那样富有诗意。

教育无小事，从这些再平凡不过的小事中，我们可以看到一个有教育家情怀的教师的执著和专注，以及那份尽职尽责和耐心的守候。面对孩子"把课桌钉子拔出来"的破坏，万老师并没有喝止，而是读懂了孩子的好奇心，使师生有了亲密接触的机会。这是读懂儿童之后的教育，处处散发着理性的教育光辉，是那样的温暖。从这些点点滴滴的小事中，我们品读出一个有教育家情怀的教师的激情和教育智慧。有人说，教育是一场漫长的修行，需要静心、耐心和细心，慢下来才能看到它的美，才能领悟教育的真谛。无疑，万霞老师的实践对此给出了最鲜活的诠释。

她耐心，用和风细雨的言与行滋润着孩子的心灵。

她细心，用睿智的双眼捕捉到孩子成长的点点滴滴。

她用心，关心着教育环节中的每一个人，让"大家"为孩子做最好的教育。

  她有心，用生动的文字给《万霞老师的班》赋予了鲜活的生命，也积累着我们中关村第三小学的教育财富。

  创造这么美好的教育的，还有一支重要的力量——我们的家长。在万霞老师的带领下，家长在老师博客上面写下发自肺腑的关心、理解、鼓励和信任，家长们创造的与课堂、书本不一样的学习课程，助推着孩子在群体中成长。

  教育是一个共同体，在这个大家庭里，相互的包容和理解，是驶向彼岸的桨。让我们继续携手向前，给孩子们提供更好的教育。相信我们"大家的三小"，会散发出最美的教育之光！

中关村第三小学校长

2015 年 5 月 20 日

第一章
新生一周

桌子坏了

2012 年 9 月 3 日　星期一　晴

　　2012 年 9 月 3 日，我满怀期待地迎来了中关村三小万柳部一年级 9 班的"小豆包"们。

　　一双双清澈的、充满渴望与探寻的眼睛扫描着教室中的角角落落。继而，在好奇心的驱使下开始四处摸索，像一只只刚出生的小猫，用自己的小爪子四处碰碰、摸摸、再闻闻、舔舔。教室中的电扇，没用过，开开试试；投影用的白板，没见过，拉开看看；老师的电脑里有什么，不知道，打开瞧瞧；旁边的小抽屉里有什么，拿出来，一一过目……此时，我倒像一个局外人，在旁边默默地看着他们。等他们参观完了，像一只只小百灵飞到我身边，倒给我一大堆问题：老师这个是干什么用的？为什么会出人，和哪连着呢？老师，为什么教室里有空调还有电扇，多浪费呀？抽屉里的小贴画什么时候给我们发？您的电脑里有游戏吗？……

　　我一边给孩子们演示，一边回答他们的问题，直到他们对新教室不再陌生，找不到神秘的地方为止。

　　我刚准备收收"小豆包"们的心，目光巡视中，一双灵动的眼睛怯怯地看着我："老师，我的桌子坏了。"我一看，桌角的四个钉子都已经离开桌面高高地站在那。我心想：肯定是找到他认为"神秘"的地方，把钉子拔出来，来不及弄回去，又怕老师批评，找一个小小的借口吧！想到这，我不准备拆穿他，就说："那你能帮老师把它修好吗？试试吧！"果然，他知道怎样拧下来的，还知道怎样拧上去，三下两下就修好了。我说："看，咱们班多了一个小工程师，谁桌子的钉子掉了，可以找他帮忙。不过，教室中的一切都是大家共用的，叫公共财产，以后我们要爱护好。"说完，我和他对视了一下，他刚才的胆怯不见了，灵动的眼睛里满是信任与笑意。

　　很多孩子的"破坏"行为都是源于好奇。恰当的引导，既可以保护这份可贵的好奇心，又可以将孩子无意的"破坏性"转化成有利的"服务性"。

> 多好啊,万老师,我看着看着,都要掉泪了。坚持吧,一年后一定是收获的季节。
>
> ——翘翘妈妈

你最淘气

2012年9月4日　星期二　晴

　　一年级班主任都知道,对于新入学的孩子,我们格外重视他们的诸多"第一次":第一次听讲、第一次发言、第一次写字、第一次做作业、第一次做值日、第一次和同学发生矛盾……

　　开学第二天,我从培养最基本的坐立行走、听说读写习惯着手,开始了对孩子们的教育。听起来容易,真正做起来却是一个漫长的过程。就拿简单的坐来说吧,"孩子们坐好了!"你再看,什么样的坐姿都有。不要怪学生,这个"好"太抽象,他们理解的"坐好"就是这个样子。这时,我就要选几个"坐不好"的孩子到前面:"帮老师看看谁坐得好?邀请他(她)到前面展示给大家看。"孩子有了比较,一下就选出来了。再邀请选出来的同学到前面示范,然后请其他同学说一说为什么说他们坐得好。"他们坐得直""他们不东张西望"……这只是一个简单的例子。学生有比较、有榜样、有标准就知道如何去"坐好"了。

　　了解孩子们的心理需要,采取他们理解且乐于接受的方式,一点一滴地把好习惯带给他们。

　　课间,一个男孩跑到教室前面推拉白板,另一个男孩看到了,也冲上来。两个孩子你拉一下,我拉一下,其中一个力气比较大,拉着不松手,另一个急了,大声指责:"我就知道,你是咱们班最淘气的!"力气大的不甘示弱:"你才是咱们班最淘气的!"随后松开白板,两人开始扭打起来,见我走近,才不情愿地松开手。我面无表情地看着他们:"先找自己的问题,不牵涉对方一个字。"其中一个刚开口:"我想把白板拉过来,您一会儿上课用。"另一个就说:"我就是不想让他动老师的东西。""现在明白了吗?你们两个想说什么?"两个人互道"对不起"。一个说:"你没说清,我不知道你要帮老师,我还以为你在玩这个白板呢。"另一个说:"你也没有问我,我以为你在和我抢呢。"我及时插话:"你们看,沟通多重要呀!以后要多倾听一下别人做事的理由,再决定自己怎样做。这样,就可以避免很多矛盾。希望你们今后看到同学之间有矛盾,也上去劝阻一下,把你们今天的感受讲给他们听!多沟通,少动手!"

看!孩子打架有时也是出于善意的!

教孩子们学会沟通,学会倾听,学会帮助同学化解矛盾,可以增强班级的凝聚力。

哈哈,有时候孩子的小心思理解起来是需要大人动动脑筋的,他们小,但他们真的不简单,所以我们也不能直接用简单的方式批评阻止。

——网友

起步就在正道上

2012 年 9 月 5 日　星期三　晴

　　三天来的学前培训，重点培养孩子们听说读写这些基本习惯，这是关系孩子一生的事，我知道身上的责任。我把这些习惯，结合学生的年龄段特点，细化为"眼看""耳听""会说"和"能写"。

　　孩子们来到一个新环境，为了让他们喜欢学校、喜欢班级、喜欢自己的班主任，进而喜欢学习，我每天都会为他们准备一个小笑话。在给孩子们讲笑话的时候，我会提出要求：眼睛不离开老师。我有意在教室中来回行走，训练孩子的专注力；同时，让孩子知道和别人交流时要看着对方的眼睛。这就是我经常给孩子们强调的"眼看"。

　　倾听，我也将其分为五个层次：第一层，我听见了；第二层，我听见并记住了；第三层，我听见、记住并理解了；第四层，我不仅听见、记住、理解了，还会有不同的看法，想表达；第五层，我听见、记住、理解了，不仅想表达不同看法，还能将前面同学的想法概括总结，加以提升。现在就根据孩子不同的反应来进行有针对性的训练。这就是我经常跟孩子说的"耳听"。

　　"会说"也就是会表达。我在引导学生回答问题时，将"会说"分为四个层次。第一层，每学习一个知识点，在学生回答问题后，我会引导："谁听清了，也来说一说？"因为，即时重复既训练孩子的倾听能力，又能促使孩子理解新学到的知识，回家之后再重复，那就是记忆了！第二层，学生理解了一种方法后，我就会启发引导："还有不同的想法吗？"以此开拓学生思维。第三层，"这么多种方法，你更喜欢哪一种？说说你的理由"，让学生学会择优。如果是规律性的问题，就让孩子用简练准确的语言再概括一下同学的发言。这就是第四层。

　　看、听、说，更离不开写。

　　今天是学前培训第三天，开始带着孩子们动笔写写字了。领着他们做好练习写字前的准备，知道有"三个一"：胸离桌子一拳，眼离本子一尺，手离笔尖一寸。边玩边做时，很熟练，可是当真正写字的时候，姿势又回到原来的样子。经过四五次的反复练习，才有极少部分孩子保持住。为了让每个孩子都有一个良好的写字姿势，我开始逐个纠正，监督他们保持。我知道，想把他们几年来养成的习惯一下改过来很难，但我至少从今天开始做了，并将坚持做下去！

真希望第一个教孩子写字的人也有这个意识！起步就在正道上！

孩子记住了，回家写字时还跟我特认真地解释了一下从老师那里新学到的"三个一"，特有成就感的样子。千里之行，始于足下。感谢老师给孩子们的习惯一个好的开始。

——凯萱妈妈

第一次在学校吃饭

2015年9月6日　星期四　晴

　　学前培训第四天。为了帮助孩子了解完整的学校生活，今天全天上课，午饭要在学校吃。午餐前，给孩子们讲了"食不言，寝不语"以及《悯农》这首诗的意思，培养孩子们良好的用餐习惯，让他们学会节约粮食。

　　为了保持课桌的清洁，我请孩子们准备了桌布。就餐前，先教孩子们把桌布平铺在桌面上，再把自己的餐具盒放在上面。然后一组一组同学有秩序地到洗手间洗手，回来排队领餐盘。每天都会有两种菜，一荤一素。我告诉孩子们吃多少，盛多少，不够再添饭和菜，不浪费粮食。孩子们领完餐回到自己的座位，安静地吃起来。今天吃猪肉炖粉条，孩子们纷纷说："学校的饭真好吃！"有的孩子添了四次饭，真怕把小肚子撑破了。午餐毕，给孩子们放了一段孙敬修爷爷讲的小故事，然后让孩子们趴在桌上休息一会儿。

　　到了管理班时间，带孩子们初步认识校园。我们先从学校大门开始，了解了校门的位置，认识了倒垃圾的地方，参观了操场，认识了石榴树、食堂、后勤办公室、阳光大厅、大队部，最后转到大型玩具区，让孩子们分组玩了一会儿。孩子们在玩中的表现千姿百态：有的很会谦让，有的组织能力极强，有的好胜心强，有的敢于冒险，有的很宽容，有的较自我，有的很会谈判……

　　现在独生子女较多，千万不要把他们封闭起来，他们需要互相交流。小社会，大舞台！孩子们，尽情玩吧！

凯凯就特爱吃学校的饭，还跟我说希望家里的饭跟学校的一样呢。

——凯萱妈妈

笑　话

2012 年 9 月 7 日　星期五　晴

学前培训这几天，为了提高孩子们的专注度，收拢孩子们的眼神，同时为了让孩子们消除入学的紧张情绪，我每天都给他们讲几个有教育意义的笑话，如《急性子、慢性子》《凿壁偷光》《写"万"字》等。

每到讲故事的时候，我就在教室中走动，时不时摸摸孩子们的头，给他们安全感，尽快解除他们对我的警戒。同时，我会请同学们目不转睛地看着我。这样既可以提高孩子们的专注度，收拢孩子们的眼神，又能让他们明白，和别人交流时要看着别人的眼睛，这是礼貌。

每次讲完，我都会告诉孩子，这个笑话是从哪本书里看到的，希望孩子们愿意和书交朋友，知道书可以丰富我们的知识，让我们变得更聪明。然后请一名同学介绍他喜欢的一本书。

原以为孩子们读的书不过童话、十万个为什么、科学探秘之类的，没想到有的同学竟然读英文原版书，让我不禁感慨：人小才大，不可小觑，他可以做我的老师了！我要和孩子们一同学习了！

第二章
乐享生活

老师是"全才"

2012 年 9 月 14 日　星期五　晴

周末了，就一个词："满足"。

每天把孩子们安安全全地送到家长手里，很满足；做一个旁观者，看孩子们在自己的小圈子中游戏交流，很满足；每天不停地变换角色，看到孩子们灿烂的笑脸，很满足。

今天上思想品德课，听老师问孩子们："我们上学快一周了，你们发现小学和幼儿园有什么不同？"孩子们七嘴八舌："小学的饭好吃""这里的滑梯大"……子孟说："老师，这里的医务室不用排队预约就可以为小朋友看一些简单的病。"

孩子的想法真是与众不同！原来，昨天体育课上，天畅跑步时不小心摔跤了，手蹭了一下，顺然带她去医务室涂药，子孟看到了，就有了这样的感慨。我很奇怪，顺然怎么知道医务室在哪？原来，他喜欢戴着老师的一次性手套帮班里倒垃圾，途中路过医务室时观察到的。这是个多么细心的孩子呀！

今天，孩子们在课间围观蜥蜴。一下课，有的孩子就第一个冲过去占据有利地形，用身体把蜥蜴围起来，后面的孩子看不到，引起了大家的不满。子孟过来说："前面的小朋友能不能看完离开一下，让后面的小朋友看看，别那么自私。"看，孩子之间维持秩序、维护正义的行为开始了！

中午，我给孩子们分饭，泊然吃完后帮我检查同学们餐盘的情况。我为孩子们盛汤时，发觉汤桶离椅子比较远，想犯一点懒，就直接蹲在地上给孩子们盛汤。泊然看到了，就拽着椅子过来，放到我的后面，让我坐下，我的心里暖暖的！

每天被孩子们需求着，被孩子们"照顾"着，看着他们一天天成长，是一件再幸福不过的事了！谁的水瓶打不开了，首先想到的是老师；谁的饭袋解不开了，首先想到的是老师；谁的鞋带开了，谁的铅笔不见了，谁的铅笔盒忘带了，谁的水瓶忘拿了，谁和同学发生矛盾了，谁的鼻子流血了，谁的头发热了，谁被蚊子咬了，谁大便忘带纸进卫生间了……首先想到的都是老师。每天，我们在法官、老师、妈妈、医生、护理员等角色间不停地变换着。有的家长说老师是全才，不仅会写博客、发飞信，还会讲课、写文章。但这些还不够，我们还要当法官断案；当医生查找孩子的病因——是吃多了还是病毒引发的，或者是喝水少了；当妈妈照顾孩子们的一日生活；当老师教孩子知识；当护理员护理偶尔受伤、生病的娃娃们。说老师是全才，我们就不客气地领受了。谢谢大家的理解！

今天收到钦浩妈妈的一封来信，大意如下。

非常幸运，钦浩有幸进入这个班级，有机会和您相识。家长会上您的讲话令我受益颇深，非常渴望与您交流。

当您讲到德国家长在孩子进行有危险的运动前，会准备全套防护装备，并用打碎的鸡蛋教育孩子戴头盔的故事时，我想到了我和我的孩子。钦浩去年暑假去法国迪士尼乐园旅游，当他在湿滑的水池边玩耍时，我完全没有危险防范意识，没有阻止警告孩子。结果发生意外，钦浩不慎在水池边滑到，额头碰在池壁上，伤口很深，缝了七针。直到现在，疤痕还很明显。这次事故，对我们打击很大，特别是孩子的父亲。他是一个很感性又追求完美的人，自2008年被派往法国工作，不能和孩子一起成长，他的心里非常愧疚。孩子每年暑期去法国的这段时间是他最快乐、最满足的时光，结果孩子却在法国、在他眼前发生意外，这一直是我们心头解不开的结。

当您讲到同一目的，不同的表达方式就会有不同的效果，以及在人前表扬孩子，在人后批评孩子时。我想到自己平时在表达方式上的欠缺。钦浩很善解人意，特别懂事，心疼我、体谅我，我这个缺点对孩子影响不大。但在工作中，特别是走上中层领导岗位后，这个缺点对我的事业影响特别大，也因此吃亏。钦浩上学了，这对他来说是新的人生起点，对我而言也是一个新的人生阶段，我会和孩子一起成长、学习。

每次家长会我都很有压力，希望家长在教室中的时间都没有浪费，并能有所收获。钦浩妈妈的信，给了我支持和动力。我希望我们将心凝聚在一起，和孩子一起快乐成长！

附

家长会上的一个故事

德国的一位爸爸为儿子买了一辆自行车，但他没有马上让孩子骑，而是为孩子配齐头盔、护手、护腕、护膝。爸爸将孩子叫到身边，在一个碗中放了两个鸡蛋。他拿起其中一个鸡蛋磕在石头上，鸡蛋应声而碎，蛋清蛋黄流了一地。爸爸对儿子讲道：儿子，如果我们骑车不带头盔，就会像这个鸡蛋一样，因为我们人类很脆弱。讲完之后，爸爸才让孩子骑车上路。

博客回应

> 教会孩子自我保护和防止孩子去做危险的事，是国外教育和中国教育的区别之一。前者鼓励孩子挑战自我，探索世界，掌握解决困难、应对危险的本领；后者则使孩子畏首畏尾，事事依赖别人。
>
> 我很高兴我的孩子在万老师的班级，能够接受关于自我保护能力的教育。鼓励孩子挑战自我，但同时也教会孩子遇到困难、遇到危险时如何应对。这些都是比只教知识更重要的课题，对于孩子的未来成长起着至关重要的作用。
>
> ——景晨爸爸

"寻找自由"的蜥蜴

2012 年 9 月 19 日　星期三　晴

今天孩子们爆发了!

第三节下课,不知什么原因,蜥蜴跑出来了,孩子们议论纷纷:"蜥蜴有毒,别碰它""蜥蜴咬人,离它远点""蜥蜴不咬人,我来逮住它"……孩子们兴奋地跑过来,看出了笼的蜥蜴。蜥蜴牢牢地趴在窗子边上,三角形的头四处晃着,警惕地看着四周,似乎被孩子们的叫声吓坏了。我天生怕这种动物,蜥蜴的两只眼睛瞪着我,我有些无所适从。顺然过来:"老师,我来捉它!"说着,挺身而出。真男人!再怎么着,我也不能让一个孩子站在我前面,帮我抵挡危险。豁出去了!我打开笼子,放到蜥蜴的背后,异想天开地希望这小怪物能自己乖乖地进去。结果我由左追到右,又由右追到左,幻想破灭了。我这时才意识到自己真弱智。我手里捏了一把卫生纸准备垫着去捉它,心惊胆战地尝试了几次,还是过不了心里这道坎。找个外援吧!正巧康老师准备给我们班上体育,我赶紧求助他。康老师把蜥蜴捉回笼子里,同学们鼓掌夸康老师真勇敢,然后都乖乖地回到座位,做课前准备。

孩子们离开教室之后,我还心有余悸,又有些想笑,自己的胆量还不如一个六岁孩子。这就是我的软肋。

可怕的事再次发生了。吃完午饭,我正和霁扬妈妈通电话,眼看着蜥蜴又顶开笼盖"寻找自由"来了。开始我还以为是离它最近的子孟恶作剧呢,现实替子孟澄清了,原来是蜥蜴自己准备冲出牢笼,寻找自由。孩子们又一次爆发了!"蜥蜴又出来啦!"大家纷纷冲到前面,看冲出笼子的蜥蜴。男孩子们手舞足蹈,女孩子们藏在男孩子后面张望。蜥蜴好像轻车熟路,站在玻璃边上,似乎在向我"示威"。我还有谁可以求助呢?不能让孩子们把我看扁了,不然以后怎么在他们跟前混呢。我让顺然拿来五只手套,一股脑全戴在右手上,横下心,拎起了蜥蜴的尾巴尖。没想到,它脚上的吸盘发挥了作用,我试图把它拎起来倒挂着放回笼子里,结果它左挡右闪又回到窗台上,这样尝试五六次没有一点效果。豁出去了，雨辰又给我的左手套上三只手套，我眼疾手快抓住了蜥蜴的肚子，这次它终于乖乖地被我送回了笼子。我用胶带给它的笼子缠了四圈，才安下心来。唉，心脏怦怦跳个不停！终于战胜自己一回，原来勇气是这样炼成的。

博客回应

　　读着这样的描写："男孩子们手舞足蹈，女孩子们藏在男孩子后面张望。蜥蜴好像轻车熟路，站在玻璃边上，似乎在向我'示威'。"我忍不住笑了！真像是一幅生动活泼的9班大写真！在这一瞬间，老师、孩子、小动物之间没有距离，完全被爱、童趣、欢笑，还有一点儿惊险和刺激充满了！一个多么令人羡慕的班集体！

——芮彤妈妈

　　万老师，您的形象因为这次抓蜥蜴的勇敢行为一下子在孩子们中间高大了。您挑战了自己，同时更有"资本"治那些小淘气们了。我们家景晨胆子小，还净是"理由"，在这一点上您要多敲打敲打他。孩子们今后会遇到各种困境，不断地挑战自我将伴随他们的一生，而您是除了父母以外第一个给予他们力量和鼓励的人，他们会感受到的。影响软银创始人孙正义一生的十个人中，第一个就是他的小学班主任。我很羡慕您的影响力。

——景晨爸爸

"牙仙"的故事

2012年9月20日　星期四　晴

　　今天际平的牙掉了,他急得快哭了,我说:"恭喜你,要长新牙了!""不是,它不应该这会儿掉,是我把它舔掉的。""没关系,牙掉了,才能长新的呀,今天把牙放在枕头底下,牙仙会拿走,明天早上会给你一角钱,慢慢还会长出新牙!""不会,幼儿园老师也说过,我放了,却没有实现,是骗人的。"童话终究是童话,怎样才能不让孩子失去梦想呢?我心想,还是和际平妈妈沟通一下吧,便发了一条短信:咱儿子一颗牙掉了,有点伤心,为了缓解他的情绪,我跟他讲把掉的牙放到枕头底下,牙仙会把旧牙拿走,放上一角钱,然后长出一颗崭新的牙。今天兑现一下吧!免得孩子伤心。

　　我的举动不小心被小人精子孟发现了,他使劲凑着我的手机看,还差点读出来。我嘘了一下,他领会了。

　　孩子的梦是最美的,没事的时候,我们可以和孩子一起做梦!

博客回应

　　可爱的故事。凯凯的牙也掉了四颗了,特别是现在上排两个门牙空缺,别提有多好玩了。记得当我拔掉他左侧的上门牙后,大家都笑坏了,我们还特意对着这俩空缺的位置拍了纪念照片呢。关于换牙,我们还有另一个说法,下牙掉了要放在房间里的高处,上牙掉了要放在房间里的低处,原因是利于新牙生长(呵呵)。换牙,意味着孩子进入了又一个新的成长阶段,值得庆贺!

——凯萱妈妈

课间万象

2012 年 9 月 22 日　星期六　晴

　　静若处子、动如脱兔、动静相宜，这三个词囊括了咱们班所有小朋友。

　　听，下课铃声响了！下课五件事刚刚做好，宁泊、一凡、泊然、小乐、辰宝、天一、霁扬、伯缘就跑出教室，不知到哪里释放能量去了。一会儿，泊然和宁泊拿着一个水龙头回来："老师，男厕所的水龙头掉了。""看你们俩能安上吗？安不上，先放那，等后勤叔叔安。"又过了一会儿，有人回来说，"辰宝带头跑。""小乐在厕所玩水龙头。"忽然，孩子们蜂拥而至，一凡、天一抢先进屋，将门关上死死顶住，其他同学在外面乱敲。我将二人拉开，放同学们进来。（下周一准备拿一块橡皮，放在门缝处挤一下，让他们看看门的厉害）……我派了一位信使："去把他们找回来，帮老师摆摆桌椅。"

　　子孟、顺然和博文喜欢拿着喷壶浇花，旁边还有同学以老师的口吻说："别浇啦，再浇就死啦！"皓严总是端起盆去换一盆新水，用擦布擦黑板，同时像老虎看护领地一般，不让任何人参与他的劳动。际平、刘祺总是围着我讲一些学校以外的事情。予硕则在窗台的植物、动物旁边流连。睿阳总是抱着一本书爱不释手地读着，偶尔过来和我聊聊天。禹华的座位和小乐最近，有时两个人也互相逗一下。景晨、雨濛、周易、芮彤、天畅、佳轩、苏祺、蒲榕、梓嘉、海钦没事喜欢坐在座位上看看这个、瞧瞧那个，要么在座位上干点自己喜欢的事情。润松、墨圣、宁凯、宇坤、韦翔习惯闷头干着自己的事，有时会看到哪热闹就凑过去看看。科瑶总是小大人一般："老师我能帮您做什么吗？"恺琪、

▲我的课间我做主

怡然、佳熹习惯做什么事都要请示一下。慧羽闲不住地在桌子周围转来转去,不知在忙些什么。思薇喜欢让同学欣赏她的文具,一个一个拿出来给大家看。晓余则喜欢在教室里转来转去。

上课铃声响了,最先坐好的有天畅、景晨、润松、苏祺、周易、宁凯、宇坤、墨圣、晓余、天一、泊然、际平、钦浩。女孩子们基本上都能迅速坐好。其他同学需要老师说:看哪个同学为组争光?说着,老师开始在黑板为小组加分。你看,海钦赶紧捅子孟一下,苏祺捅小乐一下,周易捅辰宝一下,纷纷说:"赶紧坐好。"如果有哪个组没有加分,该组同学的眼光就会落到经常被点名的同学身上:"××快坐好。"看,孩子们集体荣誉感多强!如果我偶尔没有及时赶到教室,在门口迎接我的伯缘、小乐、泊然会探头探脑地看一下,看到我之后马上大声"报警":老师来了!然后马不停蹄地回到座位。

太有意思了!这就是我的孩子们!

这两周没有太约束他们,主要想尽快让孩子们表现出真实的一面。对孩子们有了比较深刻的认识,下周开始,要教他们按照"小干部表"履行自己的职责了。我会一步一步教他们来做,等着孩子们的喜讯吧!

博客回应

"没事喜欢坐在座位上看看这个、瞧瞧那个,要么在座位上干点自己喜欢的事情。"这真的就是我家女儿的样子啊!对她而言,新的班级、新的环境还需要一个熟悉的过程。慢慢地,当她适应了以后,她一定会表现出更加真实的一面。看着老师亲切地称呼他们"我的孩子们",真的很感动。毕竟,又多了一个爱他们、关心他们、希望他们好的妈妈。孩子们太幸福了!谢谢老师!

——芮彤妈妈

校园游

2012 年 9 月 25 日　星期二　阴有雨

孩子们最盼望的日子——秋游。

早上，小乐妈妈短信和我分享了儿子的趣语："妈妈，今天我们要坐着大巴游校园。"他妈妈满腹狐疑地问我："老师，今天孩子们是要坐车游校园吗？"因为孩子刚刚入学，对校园充满了新鲜感，学校非常了解孩子们的心思，就组织一年级同学"校园游"，不用坐车，我们参观各个教学楼和专业教室。

出发时间到了，我带领孩子们先到了后操场，看了多功能厅、排练厅。几个小朋友说，我们在学前班时到这里上过课——显然是这里的熟人。我聘请其中两位当小小讲解员，给全班同学介绍里面的设施及用途。

从后操场出来，西侧墙壁上是国务院前总理温家宝爷爷为学校民族工程写的题词：我爱我家，有爱才有一切。北侧是 56 根民族柱。我边带孩子们认识各个少数民族，边讲解一些简单的知识：少数民族的聚居地、擅长的乐器、舞蹈、服装。当讲到仫佬族的时候，忽然想起咱们班的周易就是这个民族的。她大方地向同学们示意，并简单介绍了她的民族。一路走下来，56 个民族认识了。我发现，每次当我问道"这个民族生活在哪"时，宇坤回应我最多，40% 左右的民族他都知道。经了解，这个孩子读书特别广泛。书籍是我们最好的朋友，孩子们多读读书吧！

我特别给孩子们讲了来自西藏的门巴族。2008 年牵手民族小伙伴的时候，这个少数民族的故事对我打动最深。来我们学校牵手的小伙伴叫扎西卓玛，他生活在全国唯一一个不通公路的县——墨脱，那里只有在夏秋季融雪的几个月里才可以与外界相通。墨脱的路都是雨水、雪水长年冲刷形成的水沟，加上以前流放者和朝圣者的踩踏才形成的小路。整个地区道路艰险，冰川、泥石流、雪崩、绝壁、巨浪滔天的大河交错在一起，恶劣的交通状况导致这个地区经济、教育等方面极度落后。卓玛他们是 5 月 15 日早上出发的，从墨脱县到嘎龙拉雪山坐的是汽车。道路的一边是山，另一边是雅鲁藏布江，随时可能遇到山体滑坡、泥石流。他们用了一整天时间才到嘎龙拉雪山52千米处，晚上在那里休息，为的是第二天凌晨三点起来爬雪山，还必须在天亮之前到山顶。因为白天爬山太危险，冰雪路面滑。一路上，医疗队的叔叔和家乡带路的人打着微弱的灯光照亮。海拔4300米的高峰，脚下是没膝深的积雪，雪越下越大，连咳嗽都得小心，否则可能会引起雪崩。经过几个小时的艰难爬行到达波密县、林芝县，又经过十几天的长途跋涉才到达北京。（部分内容来自《民族大爱之歌》一书中刘慧红《圣洁的"雪莲"》一文）孩子们听得很专注，被卓玛的精神感动着。

看完民族柱，我们到一号楼一层认识了医务室、围棋教室，看了墙壁上的蝴蝶展。在二层认识了监控室，看了"嫦娥揽月科技展"。穿过一半音乐长廊，看着两边一排排的钢琴教室，孩子们都想一试身手。到了二号楼二层的科学教室、国画教室，同学们看着一件件学生作品赞不绝口："真漂亮""我也想画"……接着，穿过剩下的一半音乐长廊到三号楼，二层有音乐教室，上到三层，看到合唱教室。往北走，穿过教师办公区又回到二号楼，看到装饰画教室，里面的学生作品琳琅满目，有在葫芦上、酸奶盒上、笸箩上、瓶子上、扇子上做的脸谱画。孩子们兴奋极了，纷纷问：我们什么时候可以做？我回答他们：到三年级上特长班的时候。参观完装饰画教室来到科学制作教室、儿童画教室，接着往北走回到一号楼三层参观电子制作教室、电脑美术教室、民族展示墙。上到四层，来到梦想剧场。孩子们看着舞台和台下的座位问："我们在台上演，爸妈在下面看，对吗？"我说："我们有舞蹈、合唱、民乐、管乐、弦乐等社团，你们如果加入，认真排练，就有机会登上这个舞台。"孩子们的眼中闪烁着期待的光芒！往南走，上到五层是天文教室，这里有先进的观测设备，有天文兴趣小组定期活动。

下到一层，来到二号楼，参观了阳光大厅、陶艺教室、大队部，穿过走廊到了三号楼一层的德育办、国防展室，上到二层看了民族展室。最后回到操场上看了毕业墙，让孩子们在操场上跑跑，释放一下能量，我们就结束了今天的行程。

今天的校园游对一些专业教室只是粗浅地了解一下，随着孩子年级的升高，有机会到各个专业教室上课，才能体会到它们的魅力，才会更深入地了解我们的"家"，爱护我们的"家"！

博客回应

对高年级来说，"校园游"也许不足为奇，但对于"小不点"们来说，这就像一次探险，充满了无限的期待与喜悦！回来后，孩子和我们分享了她的所见所闻，真替她高兴！相信，孩子们会更爱自己的学校！会享受在学校的每一天！

——网友

充 实

2012 年 10 月 8 日　星期一　

早上到校，孩子们就纷纷将自己精心绘制的"发现校园"美术作品交到前面，我一面欣赏，一面帮孩子们分类摆放整齐。有的作品精致，像极了工笔画；有的作品写意；有的作品抽象；有的真是用心雕琢，将自己的情感注入进去；有的则是完成任务。出发点不同，得到的作品效果更大不相同。这些作品会在教室后面的板报中和楼道的栏墙上展示。边收画，边指导芮彤带领孩子们进行早上的朗读（每人一天轮流带）。

这时，校医来了，同时带来了孩子们补种疫苗的通知单，要求马上下发到各班，并分发到每个同学手上。我赶忙把要求记在一张纸上，让苏祺、怡然当我的小信使去传给各班看，并分发通知。正说着，实习老师来了。这个月，我要带首都师范大学初教院的张老师实习班主任工作，今天正式见面。给实习老师布置完工作后，为了不耽误佳熹升旗时穿上崭新的校服，我赶紧请刘祺帮忙去传达室李老师处要来校服厂乔老师的电话，和她联系换一套大号的校服，并请实习老师帮忙带佳熹去拿校服。这边忙完，徒弟过来商量第三节课试讲用哪个班。忙忙碌碌中，早晨就这样过去了。孩子们心气很高，想互相欣赏一下画作，我就抽出 20 分钟的时间，让小作者给大家讲讲自己的画。

第一、二节课我们班分别讲了"比较轻重"。课上让孩子们充分说了思维过程，只是个别孩子不认识字，做题过程中出现了一些问题。因此，在两班做数训时，带着学生把每道题目读一遍，讲、认重点字。

课间，同学们过来告状："严严把厕所水龙头弄坏了，厕所发大水了。"我请严严去后勤办公室找后勤老师去修水龙头，然后赶紧组织孩子们站队，准备升旗。

第三节上课，带上实习老师赶紧到 7 班听试讲，把我们国庆加班时的想法都实现了，只是细节稍稍需要雕琢，比较欣慰，但来不及评课。第四节让实习老师看班，我跑到会议室开周五"学区评优课"的评委会，开完会把参加评优课的老师召集来学习领会各项评分的精神，备战评优课。

中午，孩子们吃肉龙。吃完饭，带孩子们抄完记事，让他们看了一会儿课外书，把书上的练习做完，我判完、讲完。提醒晓余去量体温，孩子病刚好，需要更多关心。墨圣过来说，他也发了两天烧，我赶紧让组长督促大家喝水。在这里提醒家长朋友们，换季的时候，为孩子们补充点维生素C。一个月过去了，根据对孩子的了解，今天为部分孩子换了座位，明天要整体轮换了。

下午第一节课，判了国庆前遗留下来的10班的数训，帮有错的孩子分析了错因。第六节课，抽时间为徒弟说课。管理班时间给10班讲数训，读题、理解题意、整理题目中给的信息、说思维过程。孩子们说得很好，但做题时，因不认字或不读题等原因，造成错误。后面的时间重点训练读题，理解题意！

4：00放学。

就这样，紧张忙碌的一天过去了。因为明天要为其他老师做两节引路课，自己不得不再次把教案背回家，继续琢磨。明天第一节和第四节用10班为赛课的老师试教案，阅读课往后调一下。

博客回应

当老师真不容易，在我上小学的时候，老师问我们长大后的理想，大部分的女生都说想当老师，拿着教鞭，每天教给学生们新的知识，老师看起来是那么伟大，我们是那么的崇拜她们！我们小的时候，老师一定比现在轻松一些，因为那时的我们还是挺听话的，没有那么多想法，自己的事情都是自己做，手脚协调性特好。记得女生跳皮筋都能跳到大举，现在想想，怎么可能呢？看着万老师每天辛苦写的博客，让我们仿佛又回到了快乐的童年，谢谢老师！老师万岁！

——网友

"小野马"们

2012 年 10 月 11 日   星期四   晴

下午我到中关村本部参加活动,始终放不下心。尽管从昨天下午就开始安排——实习张老师盯课间、田老师带孩子打针、副班主任负责看管理班和放学,可是心里还是惦念这帮小东西们,不时打电话遥控。

活动完马不停蹄地赶回万柳,李老师(明天用我们班上课的老师)忧心忡忡地找到我:"万老师,咱班孩子回答问题特别好,就是不听我的话。我提出问题,他们张嘴就说,还故意捣乱,不给别人机会。我正发愁的时候,您来电话了,我对孩子们说:'万老师来电话了,你们听!'有一个小孩就说:'别说了,别让万老师听见!'等您挂了电话,他又大声地说:'没事啦!'又开始不听我说话了!我让站队,女生表现特别好,男生前面的还好,后面根本不理我,打打闹闹!明天怎么办呀?"

听着李老师的叙述,我眼前就能闪现出"小野马"们的神态、动作、语气。我太熟悉、太了解他们了。我让他指了一下大致的位置,就知道是哪些孩子。这些小猴精们,会看人下菜碟了,我在的时候乖乖听话,刚一离开就绷不住了。这是孩子们的天性使然,他们像一群刚刚出生的小野马,不服驯养,不愿意被"缰绳"束缚,敢闯、敢干、精力充沛、充满好奇、探索的欲望强烈!他们就是正在破土而出的幼芽,拱呀拱呀,左右摇摆着长。和他们在一起时,他们那旺盛的生命力总是在感染着你,让你感觉总是生活在春天里!我爱他们,因为"小野马"只要调教得当,总会变成"千里驹"!

为了打消李老师的顾虑,我说:"没关系,他们会给你带来惊喜的,明天我会做通他们的工作!"

想想"小野马"们的贼心眼就想笑:每天我抄完数学记事,泊然就会抢着说:"老师,我去抄语文记事吧!"看,多积极!其实,小家伙是尝到了甜头,每次去找田老师抄记事,田老师就会把语文记事写在他的本子上,他就不用再抄一遍了。有时怡然、子孟也会抢到一两次抄记事的机会。虽然这些小心思很好笑，但我却不忍心拆穿他们。

刚刚写数训的时候，我在前面讲，早有几个小家伙把答案以迅雷不及掩耳之势抄在数训上，我假装看不见，请这几个小家伙讲一遍思维过程。他们意识到之后就不再这样做了，而是乖乖听讲，自己思考出答案。后来，我讲的时候不让打开数训，听会之后再做。总有几个小东西，偷偷把答案记在桌子上，等做题的时候再抄上。我拿着他们的数训时先不批改，请他们先讲，讲一题判一题，孩子们的毛病终于改掉了。这帮"小野马"再也不敢跟我斗智斗勇了！

我们班有几个小书虫——睿阳、宇坤、子孟、梓嘉，几乎节节下课书不离手，还有一些女同学，在老师表扬完上面这几个同学后也能静静看书。但也有几个——乐天、辰宝、一凡，就是坐不下来，书在手里不到两分钟就得起来动动，浑身有使不完的劲。

孩子的性格不一样，表现出来的行为就不同，百态人生才会丰富多彩，整齐划一带给人的只是"震撼"！

每个孩子都是一本生动的书，值得我耐心品味！

博客回应

我们在家读这篇博文时，霁扬特别惊讶又特别兴奋地问："老师是怎么知道我的外号的？"——他三岁时被我们唤作"小野马"，现在我们有时还这样称呼他。万老师教这些个"小野马"们辛苦了，相信他们在您的教导下，离"千里驹"会越来越近。

——霁扬妈妈

我们的大家庭

2012年10月17日　星期三　晴

阿基米德说，给我一个支点，我可以撬动地球。而我要说：给孩子一个空间，他们会带给我们无限的精彩！

今天上美术特长课，很多孩子画完画追着我讲他画的内容，有的设计了防滑轮胎，有的设计了太空战车，还有的设计了机器人操作的现代化汽车，等等。真希望他们有机会将自己的设计付诸实践，没准发明家就从他们中产生。

为了给孩子们搭建展示的舞台，我和几位妈妈一起设计了一系列的活动，等待着实施。对周五的家长会我还真的是充满期待！

这些天，科瑶妈妈在为孩子们规划着一学年的活动——既开阔孩子们的视野，又有教育意义；宁泊妈妈在为孩子们做展板，为他们提供展示的平台，并利用孩子们放学时间帮着粘贴；天一妈妈则四处奔波，为孩子们采购"青青小屋"的材料，今天放学后和芮彤妈妈一起帮忙粘贴在墙壁上。这些妈妈们在放大着自己的爱，先谢谢她们的辛勤付出，希望有更多的爸爸妈妈来爱我们的一（9）班。

一个月的学校生活，孩子们彼此渐渐熟悉，一些本真的、原来还

▲开心的"小野马"

▲猜猜我是哪一派

有所收敛的习惯、性格开始展露出来。咱们班24个男孩子,能静得下来的数一数也就五个,这些"小野马"们分了四派,有一些自己辉煌的"战绩"了。第一派:"好奇害死猫"派。他们已经利用课间把四号楼转了个遍,每一个角落都看一看,包括一层半的六年级老师办公室,二层、三层的六年级教室。厕所的水龙头被拧下三次,下水道被堵了两次,原因是想看看下水道的工作原理。下着雨跑到操场上感受到这个喷头比家里的喷头大,洗澡真痛快!没事喜欢光顾女厕所,或者恶作剧,把男同学推到女厕所里,想看看男孩与女孩的区别,为什么分开上厕所。第二派:打斗派(最危险的一派)。这一派的孩子喜欢互斗、摔跤,两个人、三个人互相踢,但还比较有分寸,基本难分胜负。第三派:流浪派。看哪派热闹入到哪一派,经常被别人搞得晕头转向。比如,不小心把楼道中的灭火器碰倒,喷了一楼道的粉末。第四派:起哄派。这一派不直接参与活动,但是会去烘托气氛,然后回来找老师汇报看到的情况。

学生们渐渐熟悉,彼此了解,明天下午管理班时间,我们要引导孩子们自己制订一份班级公约,并开始执行,由孩子们自己来管理自己、教育自己!

博客回应

呵呵,看了万老师的描写,惟妙惟肖。现在是男孩子多的时代,对教师而言挑战性更强了。开始我觉得我的儿子是"起哄派"的,因为他说把灭火器碰倒的不是他,而且平时看他就特会烘托气氛,添油加醋地惹事,本来坏事不是他做的,但是他总能加入挨批评的队伍。后来,他说,学校里不光是四号楼被他转遍了,连三号楼和二号楼他也常去。难道他是"好奇害死猫"派的?另外,特别感谢几位辛勤的妈妈们,儿子说,我们的教室越来越有活力了,感谢你们的付出。

——泊然妈妈

"精致一（9）班"工作计划

2012年10月23日　星期二　晴

学校的事务性工作终于告一段落，可以思考一下我们"精致一（9）班"工作计划了。

指导思想：1.教育孩子学会沟通、合作，为孩子提供展示的舞台；2.给孩子创造美好的童年生活，留下值得回忆的往事；3.锻炼、培养孩子的各种能力。

"精致一（9）班"活动内容：有序一（9）班、温馨一（9）班、创意一（9）班、活力一（9）班。

活动一："幸福小贴士"——有序一（9）班

各种活动的前提保障是"有序"，因此，出台班级公约"幸福小贴士"。"幸福小贴士"，就是孩子看到、遇到一些问题，有自己的想法，想提醒同学们，就写在记事贴上，贴在班级的"幸福小贴士"栏里，标注上"××提醒"。这位同学就可以是这项"小贴士"的提醒员、监督员。这些幸福小贴士就是我们自己的班级公约。活动期限：半个学期。有哪位小朋友愿意主持这项工作，可以报名。

活动二："我为班级出点子"——创意一（9）班

为了把我们一（9）班建设好，希望每一位家长和同学都把一（9）班当成自己的家一样来经营，出一些建设性好的点子。一个篱笆三个桩，一个好汉三个帮。希望大家多参与！我想，每学期末我们也来评选一些金点子奖，有家长的，有学生的。有哪位小朋友愿意负责这项工作可以报名。负责内容：统计贡献点子的家长、同学姓名和点子名称，并把好点子记录下来，放在一个文件夹里，随时向班主任汇报。同时，每次班会留出一点时间向全班同学汇报新点子。学期末将所有点子放到博客中，由大家评选出"金点子""银点子"和"纪念奖"。活动期限：这个活动贯穿始终。

活动三："我教大家玩玩具"——温馨、创意一（9）班

现在的孩子不缺玩具，缺的是怎样玩好玩具，怎样和小朋友分享玩具。为了让孩子们的课间生活更丰富多彩，也为了培养孩子们沟通、合作、分享的意识、能力，我准备开展"我教大家玩玩具"的活动。

宗旨：课间时间比较短，教大家玩的玩具不要有过多的准备工作，应是短时间可以玩的，玩具最好自制。例如，我们小时玩的挑棍，可以多人玩，猜丁壳决出的胜者有权将一把小棍撒开，然后第一个一根一根捡起来，不碰到其他小棍，压着的小棍就用手里的小棍挑起来再捡，如果碰到其他小棍就由下一个人接着捡，最后比谁手里捡的小棍多。这个在短时间内就可以玩。还有的用冰棍棍画好图制成拼图，让大家去拼。特别有意思。

活动形式：家长在家可以教孩子自制一些玩具，带到学校利用12:20—12:40之间，吃完午饭的休息时间教大家玩。如果哪位家长可以把玩具提供给班里的孩子，我们会在玩具上写上"××提供"。没有时间制作玩具，也可以选择飞行棋、翻花手绢这些比较简单的玩具。希望大家有更多的创意。我们最后可以利用一次家委活动进行一次展示比赛，很有意义！

这些玩具由小组长保管，每节课间孩子们做完准备工作——准备学具、喝水、上厕所之后，就可以到小组长那领自己喜欢的玩具，打上课铃前主动交回。教大家玩玩具的活动时间：两周（10月29日—11月9日）。通过这项活动将有意思的玩具推广到孩子中间，以后孩子们的课间活动就丰富起来了。想主持这项活动的同学自己报名。具体内容：统计同学的报名情况，安排演讲时间，设计主持词，每天中午主持这项活动。

活动四:"我是三小小主人"——活力一(9)班

这个活动方案是宁泊妈妈提供的,她会有具体想法,之后和大家交流。我会给孩子提供展示平台——我们的展板。

活动方式:孩子可以利用照片、图画、故事、儿歌、视频、PPT 等方式记录自己眼中的三小,或者针对看到的问题,提出一些解决方法等等,好的方法会提供给学校。形式不限,也是利用 12:20—12:40 之间,吃完午饭休息的时间给大家讲自己的想法。活动时间:预计为 11 月 12 日—12 月 31 日,每人都有机会。谁想主持这项活动自己报名。具体内容:统计同学们的报名情况,安排演讲时间,主持演讲活动。

活动五:"家长大讲堂"——温馨一(9)班

我时常有一种"恐惧",感觉自己已不能满足孩子的求知欲,用什么来支撑我教育现在的孩子?当我感到力所不能及时,想到了我的同行者——家长。每周一次的"家长大讲堂"利用班会时间,将家长自身优势与资源带入课堂,他们将自己的工作以孩子能接受的语言,配合做好的 PPT 到班中讲解。这个活动就是希望某位家长的讲解能够奠定某位同学的人生目标,打开某位同学心灵的另一扇窗,让孩子在学校不仅能获得课本上的知识,更能获得社会知识,获得全方位的培养。现在有六位家长报名,这个学期排满了,下个学期希望大家准备好,积极报名。哪位小朋友想主持这项工作请报名。具体内容:和家长联系讲座时间,安排讲座,颁发邀请函,主持讲座。

活动六:设计班级形象

我们班级要有自己的风格,请同学们自己设计制作班徽,纸画、电子版均可(这周完成的就可以陆续交,截止到下周一)。作品将贴到"青青小屋"中展览,由大家评选,优秀的可以被采用,作为咱们班的 Logo,还可以为设计者颁发优秀设计奖状。

我们要用 Logo 制作自己班级的奖状，如"金点子""优秀设计""学习之星""纪律之星""爱心之星""劳动之星"，等等。制作带有班级 Logo 的邀请函，如家长讲座邀请函等。班级的小奖票，现在都是买的，以后用我们自己设计的。

这项活动将于接下来的两周内完成。可以自愿报名。

以上活动是这个学期的，下学期会有相应的活动出台。希望得到大家的支持，刚刚开始陪伴孩子玩会比较辛苦，之后发现孩子们的成长就会很欣慰。每一项活动都将有影像资料，期末时为大家刻成光盘，留作永久的纪念！

每一项活动都是给孩子提供锻炼的机会，希望大家踊跃报名！

博客回应

一口气看完万老师的计划，只有一个感觉：万老师真是一个有心、用心、充满爱心的老师。万老师倡议的各项计划，需要大家的积极参与，还没有想得太系统，只简单地谈几点感受，抛砖引玉：1.玩具计划立即响应，明天就让一凡带一个智力玩具去学校；2.关于能力培养、适应力培养，很赞成。看过一个节目，是在超市进行的，给孩子一定数量的钱，要求孩子在规定的时间内采购回规定的东西，觉得挺有启发；3.关于挫折教育，现在的孩子没有真正遇到过困难，我觉得配合万老师的计划，可以设计类似活动；4.关于义卖，我们小区有个小广场，也有过类似的活动，双手赞成；5.义卖后续，义卖资金除万老师提议的孤儿院、敬老院外，记得网上提过昌平区有个打工子弟学校，那个校长艰难而又坚定地支撑着学校，如果能有机会让一（9）班的小朋友们看看他们的同龄人上学的环境并亲手帮助他们的同龄人，估计会对他们有所触动吧。以上是看万老师博文后有感而写。

——一凡爸爸

"精致一(9)班"活动筹划剪影

2012年10月24日　星期三　晴

今天放学邀请了各个小组长——安琦、慧羽、思薇、周易、霁扬、苏祺，以及他们的家长。我们近期正在筹划"我教大家玩游戏"这一活动，为玩具设计"家"。

孩子们带来的玩具都由小组长来负责管理，这些玩具得有自己的"家"，所以我们大家一起设计玩具的"家"。苏祺妈妈出了一个方案：准备有三四个小抽屉的盒子。几位家长都同意。其他几位同学的爷爷、奶奶、外婆虽然年龄大了，但热情高涨。慧羽奶奶说："你们工作忙，我去购买。"苏祺妈妈和思薇妈妈说："我们年轻，跑跑腿没问题。"这个画面真让人感动！重阳节的步子在我们班放慢了，周一我们家就会添新家具了！

周末的大风把我们的"青青小屋"里的展品吹掉了一些，今天放学，天一妈妈和苏祺妈妈两人把这些"小屋"加固了，累得满头大汗，又帮孩子们整理了教室。我们的家长朋友们太让我感动了，大家真的把这个班当成自己的家一样去爱护、经营。多么温馨的一(9)班呀！

泊然小朋友已经第一个报名了"我教大家玩玩具"的主持工作，大家还犹豫什么？赶紧定夺，我们有意思的活动才能开始。我等着大家！

博客回应

是啊，人心齐泰山移，只要9班这个大家庭里的每个成员都有向心力，我们就能为9班的孩子们营造出一种温馨、和谐、积极向上的氛围，让孩子们健康成长。响应万老师的倡议，让我们共同努力吧！

——网友

附

"玩具总动员"系列活动（开幕版）

儿子的班主任组织孩子们开展一项"我教大家玩玩具"的活动。活动的初衷是让孩子们可以利用课间或者午休的时间，充分发挥他们爱玩的天性，在这个漫长的冬天，让孩子们的心还能自由愉快地飞翔。对于此活动，老师希望同学们分工合作，孩子们根据自己的意愿报名做主持人，负责组织安排同学们，给大家讲解一些玩具的玩法。大家还可以自制或者从家里带来玩具与同学们共享。这些玩具不是很贵的电动玩具或者变形金刚、乐高等，而是像我们小时候常玩的那些很简单、很便宜，但是却能让我们找到很多乐趣,的玩具。于是，我和儿子积极参加了此活动，并让儿子报名做"我教大家玩玩具"的主持人。

就像我设计的活动海报上说的，虽然我们已经是小学生了，可我们还是喜欢玩具。但是，你真的会"玩"玩具吗？记得之前有好几次，儿子看到他没有的玩具，总是心向往之。所谓"他没有的玩具"是他没有买全的。比如，变形金刚，汽车总动员的不同款车，乐高英雄工厂的机器人，等等。现在的玩具商家，每种玩具都做成一套，买一个就能看到包装盒上还印着十个八个的，孩子可不傻，知道山外有山，天外有天，今天买的只是其中的一个，还有这套里其他的没有买呢。就这样，一款玩具总是拿着买了的却还要惦记着没买的，总是盼望，又总是不满足。

有次我问他，你的这么多玩具，你最喜欢哪一个？他的回答是：最新买到的那个。所以说，现在这群"00后"的孩子们，根本无法理解我们小时候从父母那里得到一个玩具时欣喜若狂的感觉，一个玩具可以跟我们一直玩到大，一个玩具甚至可以影响我们一生。

记得我小的时候，家里的经济条件很一般，当时周围同学大部分都是独生子女，我是家里的第二个孩子，还是差点被"计划"掉的。所以父母对于我对玩具的需求，几乎只有一种回应——不给买。看到身边好朋友们都有父母给买的玩具，最棒的是一个可以眨眼睛的、能穿衣服、吃奶嘴的娃娃，我

▲ "我教大家玩玩具"活动海报

心里可痒痒了。但是父母的"不给买"政策，打消了我"也要有一个跟别人一样的玩具"的念头，却锻炼出了我的心灵手巧。不给买，我就自己做！当然，那时上小学二三年级的我还是很笨的，娃娃根本没有做成功——虽然裁碎了好几块布料，浪费了妈妈准备过冬织毛衣的几个毛线球……但是我学会了制作娃娃可以使用的全套家具，甚至还给娃娃做了一个大别墅。

那时候家里都是用火柴的，我把火柴盒一个一个收集起来，用硬一点的纸壳作外包装，制作了三屉桌、席梦思床、沙发、大立柜、灶台、楼梯等家具。把鞋盒子用小刀刻出窗户、门，再稍微一加工，做成了漂亮的别墅。我的娃娃家里的物品应有尽有：六应丸的药瓶是暖壶，牛黄解毒丸的小圆球盒一掰两半就是两口锅。还有其他的瓶瓶罐罐，碗碗盆盆，都是我利用身边的物件制作的。记得那时候我最擅长的就是拆圆珠笔，想办法把笔头笔杆分别做成不同的物件，为此没少挨爸妈的批评。但是我觉得那时的我好快乐，没事的时候，就把我的鞋盒子娃娃家拿出来，沉浸在自己的想象中，让我的隐形娃娃过上幸福舒适的生活。这样的玩具，一直陪伴我到上高中前。

有一次妈妈收拾东西，发现床底下有这样一排烂鞋盒子，里面一大堆物件。为了潇洒地告别童年，我故作不屑地把它们一股脑全扔了。现在想来后悔极了，早知道应该把它们留下来，做个历史的见证品，说不定还能进个博物馆什么的。至少，可以给我的孩子一个很好的教育：玩具不是越贵越好，也不是越多越好；玩具不是收藏品，没必要集齐全套才能玩；玩具更不是放在家里用来排队的……玩具是要玩的，怎样才能让玩具更好玩，让玩具成为我们舍不得离手的好伙伴，才是我们应该动脑筋探寻的。其实，很多很简单很便宜的玩具，都可以玩出彩，玩出无限的乐趣，甚至玩出智慧。

后面几个系列中，我会给大家讲讲自古流传下来的几款益智玩具，小小的物件中深藏着大智慧，让我们的孩子们爱上它们，让我们的孩子以后也能教给他们的孩子如何玩玩具。

泊然妈妈

博客回应

泊然妈妈写得真好，也让我想起很多小时候做过的"手工"，我们自己拿旧挂历叠过"大钱夹"，还用旧毛线织过小背包，也给塑料大娃娃缝过小衣服……太有意思了！

谢谢你和泊然为大家组织了这么多精彩的游戏！昨天接娃儿的时候，看到咱们班的家长为孩子们准备了五颜六色的翻绳儿，每人一条，蒲榕妈妈还要亲自把每条绳子的接头处烫起来，再捻圆滑。真要好好谢谢咱们班的好妈妈们！

——芮彤妈妈

让我们慢慢靠近

2012年10月31日　星期三　晴

2012年9月，一（9）班这条纽带把我和我们42个家庭紧紧联系在一起。我们有着不同的爱好、不同的理念、不同的生活方式。我们曾经试探着、远远观望着、四处打听着来相互了解，但是心总是不能相融在一起。

于是，"精致一（9）班"的活动应运而生。我、我们的大朋友和小朋友们一起投入了进来！随着"玩具总动员"活动的开始，我们由关注一个个体——我的儿子（女儿），变成关注这个个体生活的集体；由为一个小朋友准备玩具，教一个小朋友玩玩具，变成为42个儿女准备玩具，教42个儿女玩玩具。我们身上又多了一份责任！为了寻找更有效、更适合孩子的活动方式，我和家长们多次沟通，这拉近了我们彼此之间的距离，心也贴得更近了！

孩子们为了玩好一个玩具，做好一个游戏，学会了沟通、包容、合作，从中体会到一种成就感，更锻炼了孩子各方面的能力。有的同学玩八角球很熟练，自然就成了同学们的小老师。小老师有求必应，给每一个请教的同学耐心讲解。有的同学是华容道高手，他的"突围"过程就成了同学观摩的对象，大家争相观看。有的同学会翻绳，同学们争相向他学习。同学们在井字棋、八角球中体会到了智慧的力量，在翻绳中学会了合作，在挑棍中学会了细心……孩子们之间的关系更

▲挑棍真有意思，我要研究一下

融洽了。

有些同学课上没有专心听讲，做作业时不认真，错题太多或者违反课间、路队、间操的纪律，恶意伤害同学等，监督员把他们的名字记下来，先停止玩玩具，反思自己的错误。他们可以通过为班级、同学做好事，向同学道歉，努力学习提高自己的成绩等方式来弥补，直到通过自己的努力，被同学、老师表扬四次之后方可解禁。这从一个侧面增强了孩子的自控意识，提高了其自控能力，学习效率也大大提高！孩子们慢慢做到心中有他人，心中有集体。

牵着孩子的手，敞开我们的心扉，让我们继续慢慢靠近。将心凝聚在一起，将爱释放出来，我们彼此关心，彼此爱护，成就"精致一（9）班"，成就我们"大家的三小"！

博客回应

从万老师的描述和照片中，看到孩子们这么快就可以融入集体的活动，真的为他们高兴。天渐冷，但是我们一（9）班的教室越发的温暖了。当时申请做"我教大家玩玩具"这个活动的组织者时，只是出于对我儿子玩玩具的态度的一种转变，想让他懂得如何才是真正玩玩具，懂得很多简单的玩具却可以玩出大趣味。活动开展起来，班里同学们也热烈参与，每天都有同学到泊然那里报名做玩具讲解员。更让我们感动的是家长们的热情，今天看着蒲榕妈妈手里拿着五颜六色的翻绳，每一根都是她精心挑选的颜色，每一根都是她忍着火烫的感觉将绳头用打火机燎一下再捏住——为了让孩子们玩的时候没有接头。她说她要给每个孩子做一根漂亮的翻绳，让大家可以一起参与进来，感受玩的快乐。还有芮彤妈妈、佳轩妈妈、梓嘉妈妈、景辰妈妈……都积极准备了玩具，有自制的，有采购的，并且这几位同学都报了名要做玩具的小小推介员。我们的活动让孩子体会到了大家庭的温暖和友爱。真的，这让我感觉到一下子有了42个儿女，能为他们做点什么，我感到特别开心。

——泊然妈妈

"精致一（9）班"活动剪影
——一个神圣的职业

2012 年 11 月 19 日　星期一　晴

今天"家长大讲堂"来了一位白衣天使——梓嘉妈妈，她为我们讲了一个神圣的职业——医生。

梓嘉妈妈是神经科的医生，今天走入课堂也非常专业，穿上白大褂，带着听诊器和神经科门诊必备的各种器具，还有精致、实用的PPT。

梓嘉妈妈从医院的科室分类、医疗器具、人脑构造到神经科医生的救治，从宏观到微观，为我们进行了深入浅出的讲解。孩子们问得最多的问题就是：神经病和精神病有什么区别。梓嘉妈妈用孩子能理解的语言细致引导：神经病是我们脑部的神经出现病变，是物理存在的；精神病是人的情感方面受到刺激，是心理上的问题。孩子们对阿姨的讲解非常感兴趣，一个个问题抛出来都得到了梓嘉妈妈耐心细致的讲解。最后，梓嘉妈妈说：伟大的科学家霍金的病症——现在医学上一个没有解决的难题，等待你们的加入与研究。一石激起千层浪，孩子们纷纷表示长大了要当一名医生。这就是我们"家长大讲堂"的初衷——树立孩子们学习的目标。

我们"家长大讲堂"越来越专业，真正发挥了它的作用。

博客回应

晚饭时，彤对我说，"妈妈你知道吗？医生是个神圣的职业！"我一听，想到今天是梓嘉妈妈进课堂的日子，于是很感兴趣地问她："今天都学到什么啦？"于是，她开始跟我说起课上的内容，连表情带动作的。又是大脑的构造，又是霍金，还有音叉、骨锤，她大概都了解了，一边讲还一边在回忆听到的知识，非常认真，讲得头头是道。

这么多丰富的内容，拓展了孩子们的视野，也在他们幼小的心灵中埋下了种子，期待着有一天，那种子能发芽，开花，结果……谢谢万老师的组织安排，也谢谢我们的医生妈妈。

等孩子们大一点儿了，如果有机会能带孩子们到爸爸妈妈们工作的地方看看，他们一定也很感兴趣，那样就更能激励他们好好读书了！

——芮彤妈妈

带着孩子慢慢品味

2012 年 11 月 12 日　星期一　晴

今天是孩子人生中的第一次考试。为了让孩子们静心,从第一个孩子到校开始,我要求:拿出语文书,打开 43 页,先默读两遍声母表、韵母表、整体认读音节表,然后用手指书空每个字母五遍。这样做,一是让孩子静下心来,不至于太兴奋;二是复习了这些字母表,记忆就更清晰了。后来的同学交流着走到教室,可一进门看到同学们在安静地看书,也自觉地敛声屏气,拿出书认真看了起来。相信孩子们会做得很好。

下周我们要进行口算验收,时间是五分钟,没有给孩子磨蹭的时间。今天带着孩子们模拟了一遍,从广播"下面请老师发卷,同学们写上班级姓名,然后把卷子扣下"开始。我充当乐山(9 班)、定之(10 班),分别在两个班带着孩子们演练了一下。先是写名、扣下卷子的方法:手捏着第一道题之后卷子一翻就扣下了,扣下之后先看前三道题,把得数算出来记在脑子里,等广播"同学们开始答卷",立马翻过来开始一道题一道题地在心里读着做。都做完之后,从头开始检查,老师没有说交卷就一直检查。就这样一点一点教孩子们,带着他们品味,让他们能够很从容地应对发生的每一件事。

今天口算 9 班 36 个全对(1 人没来),有一个同学符号看错,三个同学 10 的组成不熟练造成错误,一个同学书写时 0 和 6 区分不好。10 班 32 个全对,有四人看错符号,两人落题,两人 10 的组成背诵不熟练,一人没有完成。我们针对孩子试卷的情况加强练习就可以了。

第四节课,芮彤妈妈为孩子们讲解了"过程的质量管理",我邀请了第一组同学的家长参与,主要是给家长提供更多了解孩子在校生活的机会,并帮助大家了解怎样向孩子介绍您的行业,让孩子有所收获。虽然现在有的内容孩子不一定能理解,但是他们会进行储备,会更加关注,说不定哪一天就会有用。我也请参与的家长回去写一写自己的感受和意见,希望我们的活动越来越好!

博客回应

今天有幸参加了第一次"家长大讲堂"活动。我想用两个字来总结一下我的感受：专业！

刘妈妈的讲堂于11:10准时开始，首先讲解了质量的重要性，用一个飞机失事的故事一下子引起了大多数同学（特别是男生）的兴趣，同时，事故造成许多人丧生的悲惨结果也提高了所有同学的关注度；继而介绍了质量是可以分步骤来管理的，其间运用同学们熟悉的大耳朵图图吸引了大家的注意力，组织讨论帮图图给家里客人沏茶，让同学们迅速进入角色，了解如何分步进行；接着介绍了0误差是保证高质量结果的重要方法，指出学习的时候第一次尽量全部做正确是特别重要的。

讲解大约在11:40结束，留下五分钟给意犹未尽的同学们，让大家谈谈今天这堂课印象最深的是什么，还特别把机会留给没发过言的同学们，是不是太专业了？有讲解有讨论，有角色扮演也有图片展示，真是丰富多彩。（如果下回能再发个小介绍给孩子们，好让每个孩子拿回家给家长讲一讲，会不会更能加深记忆？）

最后五分钟的时间是给班妈万老师的，她首先带领孩子们感谢刘妈妈的认真准备，然后简要点评了一下同学们的上课情况，表扬表现突出的同学，指出他们哪里做得好，是听讲专心还是积极举手，鼓励大家向受表扬的同学学习。下课后，居然还按"家"中的礼仪，让孩子们送"客人"（家长们）出门。太感动了！把礼仪融入每一个场合中，这应该就是万老师谈过的"清源活水，润物无声"的境界吧。

走在回去上班的路上，我忽然想到刘校长在开学的家长会上曾说过：我会问每一位报名三小的家长，你为什么想让孩子来三小？我想，今天的感受就是我的答案吧，那就是专业！三小的教育理念很专业，参与学校活动的家长们也很专业——我还以为今天的讲堂主讲刘妈妈是特聘讲师呢。

最后我想，能让孩子们在这样一个专业的氛围里开始他们的学习生活，是做家长的最大的安慰。孩子们一定会被这个大家庭不断散发出的浓厚的求知欲和向上的气息所感染。真的，就连我也心潮澎湃，很想把自己的工作做得更出色些。

——安琦妈妈

台湾行第一天

2012 年 12 月 17 日　星期一　阴

　　早上 7:00 为孩子们开开门，把钥匙放在讲桌上。吃完早饭回到教室已经有十几个人在认真地读语文书，心里很感动。他们已经形成习惯了！

　　11:55 我们登上中国台湾中华航空 CI512 航班飞往台湾，每一位空姐都很漂亮，说话非常温柔。3:25 准时到达桃园机场，落地瞬间飞机震动猛烈。

　　我们一行登上双层巴士，导游是陈罗廷先生，大家都叫他罗廷。他有 30 多年的电视人经历，曾经在凤凰卫视任职，很绅士，很幽默，很有内涵，喜欢收藏古玉。双层巴士的主人 30 多岁，从没有违章记录，开车很稳，因此才有资格带团。虽未见其人（司机在下面一层开车），但是导游的一再介绍——年轻有为，我已经在脑海中勾勒出司机的形象。车是新的，很温馨，音响很好，备有卡拉 ok 的节目单，有两个逃生门，一个在车顶，一个在车的左后部，有三个小锤，可以在发生危险时击碎玻璃。车的窗帘带有蕾丝边，很漂亮。车的第一排基本不允许客人乘坐，如果乘坐，必须系上安全带。车上配备了矿泉水，这里的淡水很珍贵，大概四元人民币一瓶。这辆车要陪伴我们十天。

　　下车后，外面空气很湿润，只穿一件长袖 T 恤，下面穿两条裤子感觉有些闷。天空布满乌云，很低，似乎要垂到头顶。

　　从机场出发，45 分钟后到达台北的馥敦饭店，回到房间简单收拾，换上盛装，出席晚上的接风晚宴。会上有台湾校长协会两任会长及十几位台北各个中小学的校长，还有两位家长会的会长。桌上有台湾特产——金门高粱酒，58 度，兑着冰喝，味道很纯，但是让我们这些不太会喝酒的人感觉有些压力。

　　我旁边坐的是实践国小的傅老师，她是校长协会会长的夫人，我因此有机会通过她深刻地了解一下台湾地区的教育。

　　台湾小学的教材选择采用招标的形式，所以每个年龄段的教材可以使用不同的版本。教材很完善，有电子课本、配套的课件、教具、教师用书还有题库。老师备课就是备一下教学进度、教学计划，不用写教案。每学期班中有两次考试排名，学校发奖状。这里的班主任叫导师，负责一个班的语文教学和数学教学，一周上四节数学课，其他有艺术和体育。这里的班级分为体育班、艺术班，全班的孩子都参与，例如体育班女生排球、男生足球，等等。这里有家长会，每个班推举两名家长作为代表到学校参加家长会，全校再推举一位家长作为家长会会长，负责收集家长们的问题，组织家长活动。另外还有教师会。每到学校有重大决策，由家长会、教师会、学校共同参与。

晚上10:00，我们结束了宴会，回到房间，沉淀一下一天的经历。明天8:00开始活动，参观四所学校，明天见！

博客回应

看看别人的做法会更有收获，万老师不虚此行。谢谢万老师和辛苦的妈妈们为孩子们做了这么多。

——堂堂妈妈

台湾行第二天
——冬季到台北来看雨

2012年12月18日　星期二　雨

冬季到台北来看雨。沥沥的小雨下了一天,我们在雨中参观、漫步、很"湿"意哟!

今天早上8:00准时出发。第一所学校是万兴"国小",有非常完备的图书馆管理系统。这里的特色是阅读,校本课程是茶文化。

第二所学校,仁爱"国中",信息技术设计与使用很完备,特色是资讯课。传承、持续、创新,现代与传统相结合,顺应学生能力的发展。

第三所学校,仁爱"国小",特色是田径,获得过很多的奖杯。我记住了这样一句话:教孩子6年,为孩子想60年。

第四所学校,敦化"国小"。到这所学校时,孩子们已经放学,有一些孩子在上课外选修。我们参观了孩子们的乒乓球训练,小旭老师和孩子对练,吸引了众多眼球。

有些累了,简单记述到这里!

博客回应

勤劳的万老师,参观学校本来就累,从北到南水土需要适应,您还这么辛劳地记录博客,而不早点休息。不过,沾了您的光,我们也可以全程感受台湾风情了。今天下午,和芮彤妈妈一起到班里给孩子们拍新年相册的视频,发现他们实在是太可爱啦!一下子就爱上他们,也渐渐体会到您在9班付出的辛勤汗水背后的丝丝甜蜜。能跟童年这么近真好!能天天看到孩子们清澈纯洁的眼神真好!

——泊然妈妈

台湾行第三天
——走近台湾志工

2012年12月19日　星期三　多云转小雪

2012年12月17日，我们登上宝岛台湾来感受同根同源不同体制的教育。

台湾行给我留下印象最深的是：每到一个学校，接待我们来访、交流的除校长会会长、校领导、学校老师外，还有一些具有特殊身份的人，他们就是家长会会长和志工代表。

"志工"究竟是一个怎样的群体，在学校中又承担了什么样的工作呢？我和大家一样，对这个群体有些好奇。每到一个学校，我都会和老师、志工妈妈、志工奶奶聊一聊我们共同感兴趣的话题。现将了解到的内容做一个整理，和大家分享。

先来简单介绍一下台湾的志工，也就是我们所说的志愿者。

台湾志工制度非常完备，每个人只要有时间、有精力、有爱心，就会去做志工。他们先到志工协会报名，志工协会根据各行各业上传的需求情况，协调志工服务的岗位。

学校志工一般来自在校学生家长，主要是父母，父母没有时间的，如果(外)祖父母身体情况允许，就会参与进来，也就是我们所说的家委。除此之外，就是学校退休的教师。

学校的志工是怎样参与学校活动的呢？首先，学校会把需要志工的岗位和时间列出来挂到网上，家长根据自己的时间和特长选择服务岗位进行报名。然后，各班综合考虑报名情况和家长的能力，推举一到两名家长到学校的家长会，家长会再从推举的家长中选出家长会的会长和副会长，参与到学校的发展、决策、大型活动、日常管理等方面。家长会成员每周有一次例会，首先看学校上传的工作安排，为学校志工做好分工。每月第二周基本上是座谈会。每年会有对志工的考核，优秀的志工将受到表彰。

接下来和大家分享刚才的问题：志工在学校中又承担了什么样的工作

呢？相信这也是大家关心的话题，可以这样说：学校人员不足的地方就会有志工，家校协作很到位。家长会会把志工分为这样几个组来为学校服务。

图书组：负责图书馆的工作。这里简单介绍一下台湾学校的图书馆。馆藏的图书由学校自己购买、家长捐赠、地方图书馆为学校提供图书等，且定期轮换。管理员会把图书进行编号，根据年级划分来把适合的图书放在相应的位置，便于学生查找、归还。一般来说，低年级学生借阅的都是彩绘本。万兴国小的图书馆馆长非常厉害，是图书管理学博士，她为学校建立了非常完备的图书管理系统，指导孩子们的阅读。学校的一些细节设施很为孩子着想，为了方便孩子在管理员不在的时候还书，他们设计了"小邮筒"，把要归还的书放进还书口，就可以了。孩子们非常喜欢。

安全组：负责学生上学、放学时校门口的秩序维持。

安维组：当老师有活动不在时，这些志工家长就会进到班里替老师看护学生完成作业，或者给学生讲故事，带领学生读书，尽职尽责。

环境组、美化组：装点、清洁校园，可以为校园设计行为艺术、橱窗、展板，等等。

医护组：负责医务室的工作。

资源组：这个组要特别介绍一下。每个班不可避免地都会有一些问题学生，学校会提供一个空间作为由这些问题学生组成的"资源班"的活动场所。资源组的志工一般选择比较有经验的家长，每天抽出半天时间在资源班帮助安抚有突发问题的学生，为他们做心理疏导，同时教给问题学生的家长怎样做好家庭教育，帮助孩子尽快回到团队中。教育的多元化为一些心理上存在问题的孩子拓宽了受教育的途径，家长与家长的对话也更富说服力。

联合组：参与学校的一些活动设计，制订活动计划并服务整个活动过程。这里还有志工合唱团、乐队等，也会参加学校的一些接待活动等。

我们亲眼看到了志工工作，他们那种无语咏大爱的无私奉献精神也深深影响着下一代。我想通过一则故事，带领大家再次走近志工这个群体。台湾有一种蟹，叫路蟹，每年农历7—9月，逢初一、十五，会从山上到海边产卵。这时，成群结队的路蟹从山上下来"横行霸道"过马路，这已成为这段时间的风景。由于过往的车辆难免会伤害到路蟹，学生就会充当小小志工，在道路中间拉起手,拦住过往车辆,为路蟹形成一道保护墙,等路蟹过完马路,再放手让车辆通过。这种精神得到很好的传承。因此,台湾有句话:志工,台湾有你更精彩。可见志工在台湾人心目中的地位是怎样的,他们的爱真的令人感动。

博客回应

> 我也是我们班级的家长志工,有时会到学校帮助学校做一些事。台湾志工的管理体系真是完备,这可能与他们的体制有关系,我们可以建立适合我们国情和学校情况的家长志工制度,让我们的孩子更受益。
>
> ——网友

久违了，朋友们

2012 年 12 月 28 日　星期五　小雪

久违了！各位朋友！

转眼新年将至，瑞雪更平添了节日的气氛！

几天没见，孩子们用不同的方式表达着对班妈的思念，有的搂着我的腰，有的用小手抚摸着我的脸，有的昂着小脸问我：老师，您去哪啦？怎么这么多天？虽然有的同学似乎在专心读课文，眼睛却不时地看看我，我的心里漾起甜蜜的涟漪，被孩子们的真诚感动着！

昨天，我带着孩子们把数学书上期末复习部分整体复习了一遍，今天完成了五、六单元的试卷。这两份试卷比较难，主要是由于同学们识字有限，读题断句不当，造成对题意的理解有偏差。不用跟孩子急，带着他们先读题认字理解题意，再就错题说说思维过程，然后仿照错题类型进行一些练习，以达到掌握牢固。后面的几份试卷都这样操作。

看我们的期末安排，时间真的很紧张：一共四天，有两个是半天，只有两个整天的时间，因此我希望大家跟紧我的步子，别让孩子掉队。我们有期末模拟试卷三份，还有一份单元试卷，这几天会带着孩子们熟悉考试的流程。我们期末考试是一个小时，所以时间很充裕，只要孩子们静下心来，踏踏实实做题就好。

1月5日，我们进行特色考试，主要是"捆小棒"。例如，"9+8"，孩子边摆边说：先摆9根小棒，再摆8根小棒，见9想1凑成10，把8分成1和7，9+1=10，10+7=17。然后是听算，考官说"2+5"，孩子说得数，就可以了，难度不大。拨钟表的题，课上同学们已经用钟表模型练习过了，认识物体也在课上进行过练习。

这几天时间，希望我们的家长带着孩子们先把数学书、数训、做过的卷子都过一遍，要会说思维过程。当我们静下心来的时候，孩子的心自然就静下来了。当然，要劳逸结合，复习两个小时休息一下，接着再复习。这样效果会比较好。

　　今天放学，天一、苏祺、芮彤、泊然妈妈，还有天一的阿姨帮忙为孩子们的新年活动做准备。她们真是有备而来，泊然妈妈扛来个大梯子，芮彤和天一妈妈买来了拉花、墙饰。她们一会儿站在桌子上，一会儿爬到梯子上，一会儿在两个桌子之间穿行，转眼之间，教室里充满了喜庆的节日气氛。可爱、可敬的妈妈们，给我留下了难忘的印象，可能不如风景迷人，却会使人陶醉，心生感动。家委为孩子们精心准备的新年大礼已经放到教室里，周一就可以送到孩子们的手上，一份惊喜正等待着大家！千言万语表达不出对她们的谢意，大家还是接孩子时，自己表达吧！

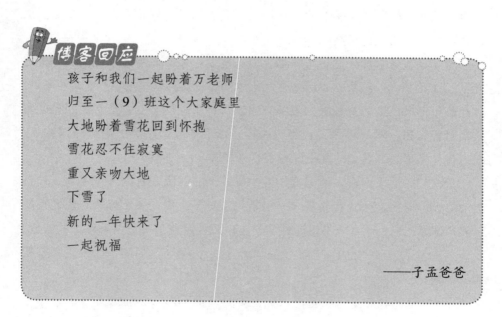

博客回应

孩子和我们一起盼着万老师
归至一（9）班这个大家庭里
大地盼着雪花回到怀抱
雪花忍不住寂寞
重又亲吻大地
下雪了
新的一年快来了
一起祝福

——子孟爸爸

新年快乐!

2013年1月1日　星期二　晴

　　2013年第一个清晨,第一条祝福短信的铃声叩醒了我沉睡的心灵,第一缕阳光也随之透了进来,新年快乐!

　　感谢2012年,在这一年,我们相识、相知、相互支持、相互理解、相互包容,共同为孩子们撑起一片天空。相信在2013年,我们会达成默契,带领孩子们在这片天空下自由驰骋!

　　昨天的"精彩一分钟展示",我过去的孩子和现在的孩子都来到这片小小的舞台上,每个孩子都有一次展示的机会。大多数同学有备而来:睿阳带来了"金箍棒",这根红色的棒子令他激动不已,一直在重复——老师给我找个后台备场,什么时候到我演呀;天畅在上面给大家出谜语,没想到在下面,哥哥天一早把答案通知给他身边的人;安琦要弹奏琵琶,自己找了一个搭档海钦为她拿着乐谱,两个人合演,乐曲悠扬;一向沉静的怡然为大家跳起了健美操;佳意自带音响为大家放声高歌,同学们报以发自内心的掌声;子孟的《诚实歌》慷慨激昂;景晨表演跆拳道踢木板,前两次没有踢断,把小家伙急得不行,终于踢断一块才算松口气,看这认真劲;顺然和三年级的大哥哥一起为大家进行了"魔方PK"表演;其他很多同学准备了谜语、故事,还有的唱英文或中文歌曲。真是多才多艺!也有一些小朋友比较失落,因为没有来得及准备节目,我就教他们为大家说上几句祝福的话,孩子们的情绪随之高涨起来。在表演节目之余,大家进行桌餐,六七个人围坐一桌,把自带的好吃的放在桌上与大家分享,也有一些忘记带食物的同学比带食物的同学吃得还丰富,因为谁都会分给他一些。看着他们快乐,我也快乐!

博客回应

新年第一天,北京出奇的冷,风呼呼地刮。全家人在家看了海钦班级制作的一(9)班新年相册,为制作的精致所感动。万老师、田老师和所有的家长,为制作这本相册,为孩子们的成长,倾注了汹涌的爱心。值此新年开始之际,祝大家2013年健康、快乐,祝我们的孩子茁壮成长!

——海钦的家人

渴望有期待的春节

2013 年 1 月 12 日　星期六　雾霾

昨天完成了各种需要上交的期末表格。晚上，感受了一下新开通的地铁 10 号线、6 号线，来到皇家粮仓欣赏昆曲《牡丹亭》。走进"杜丽娘与柳梦梅的世界"，哀婉动人的故事，让人久久不能释怀。

很久没有看望老人了，这个周末我和孩子一起轻松前往。父亲在保姆张姐的照顾下身体恢复得很好，脸色渐渐红润。婆婆和公公正在制订过年的计划，这才感觉到"年"离我们越来越近了！

小时候最喜欢过年。临近腊月，爸爸妈妈就会弄一头猪杀掉，熏猪头、猪蹄，做肉皮冻、扣肉。买野鸡做鸡丁，再搭配上咸菜丁、黄豆丁，特别好吃。还可以和妈妈一起选新衣服。大年初一早上，早早起床换上新衣服出去和小伙伴比一比。

我最喜欢的事就是扫房子，把家里所有的东西搬出来放在院子里，就趁这个时候，把爸爸妈妈平时不让看的东西翻个遍。大人没有时间管我，有时我在柜子里睡着了，大人找不到我就在外面喊，我才睡眼惺忪地从柜子里出来，弄得他们哭笑不得。然后我们开始设计新的一年家具怎样摆，基本上我的意见就是最后的方案。接着就是把精心挑选的年画贴在墙上。看着焕然一新的房子，心里舒坦！

我最爱看的就是爸爸妈妈做豆腐。具体流程不记得了，只记得把爸爸做出的豆腐脑用咸菜汤蘸一下吃鲜嫩无比。可是有一次，无知的我吃了一个大苦头。豆腐本来烫极了，用盐水一蘸虽然外面凉了，但里面还烫。我被烫得咽也咽不下去，吐也吐不出来，哇哇大哭，爸爸赶紧弄一点稍凉一些的水让我小口喝下去，才算好转，后来就学乖了。爸爸最擅长的是将豆腐渣用油炒一下，再加一点黄豆，香得不得了。我还爱看妈妈炸豆腐、油饼、年糕，我总是站在灶边欣赏着，妈妈也会把新鲜出炉的凉一凉给我品尝，我总是甜甜地夸上妈妈两句。

从初一到初十，家里的人就互相请客吃饭，每天换一家，大人聊天，孩子在外面耍，快活极了。

我最爱听的就是爸爸讲自己年轻时打仗的故事：他曾经骑的大青马、敌人如何在他的面前审讯他的下属，大义凛然的李叔叔如何咬舌自尽。像电影，又像评书，我们听得津津有味，屋子里挤满了人。哥哥曾经想让爸爸写本回忆录，爸爸不肯，他心里总在惦记先于他离开人世的战友，每每说到此处都泪流满面。我们曾经居住过的村子有很多知识青年，他们都是爸爸的忠实粉丝，是我的大朋友，我经常被他们"偷"到知青点去玩一会儿。有时会等到爸爸带领的男知青带回来猎物——獾子、乌龟、狍子等（当时没有环保意识，需要吃饱），让妈妈做好了给知青点送过来，我就和他们一起狂吃。当时只有四五岁的年纪，那几年是我最留恋的时光。爸爸虽然离休在家，但也不忘"造福一方"，谁家有了难题都会找他来解决，每天家里的人络绎不绝。小的时候感觉妈妈总是在做饭，每天都有很多人在家里吃饭，尤其是过年那几天，我就是妈妈的助手。

过年时，妈妈会拿出她月工资的五分之一让我买喜欢的烟花。我会找一根长长的木棍，点燃一头，自己离得远远的，用木棍去点燃烟花。小伙伴们都围着我，我就会送给他们一些，让他们和我一起放。男孩子恶作剧，把小鞭炮扔到女孩子的脚底下，我们就会用长木棍追着男孩子打，把他们吓得远远地躲着，拍着手乱喊。在外面玩疯了不回家，妈妈也叫不回去，每次都是三哥让我骑在他的脖子上把我驮回去。

每逢过年，我们的年味童谣就不离口了：二十三糖瓜粘，二十四扫房日，二十五做豆腐，二十六炸年糕，二十七杀公鸡，二十八把面发，二十九贴道友，三十吃好的儿。二十九的早晨，大人们开始打面糊糊做糨糊，大人孩子就开始写春联。爷爷的梅花篆字非常出名，四邻五乡经常找爷爷求字，爷爷用好毛笔写，我就用他用剩下的不要的为鸡舍、狗舍、猪舍写，抢先贴出去，真是有意思！

那时候总盼着过年，有期待的年真好！

希望孩子们的年过得也有意思！

期待大家一起记录有意思的春节！可以有照片、PPT，开学可以给孩子们一点时间来讲一讲!

博客回应

是啊,"年"的记忆留在记忆的最深处,每年到了这个时候,都会重新在脑海中流淌,就像小溪在春天的森林婉转歌唱。

姥姥和奶奶家都在天津,住的都是平房,所以就有机会过一种出门就可以玩儿的生活,不用再爬楼梯,这对孩子而言都是一种快乐。

天津人过年时都要贴上"吊钱儿"——一种红色的剪纸,长方形的短边粘在窗户上,下边就自由飘洒。春节里,家家户户都飘着这样的红窗花,一片片,一点点,是寒冷的冬天里最喜庆的装饰。

进到每家屋子里,一定都贴着杨柳青年画,花鸟鱼虫、楼观栏楯、五子登科、才子佳人,各种题材无所不包,非常丰富。

到了初一早上,上至八十岁的老太太,下至几岁的小姑娘,头上都要插花儿。岁数大的带的叫"聚宝盆",是一种用红色丝绒折出的吉祥图案,小姑娘带的是纱做的花儿,红的粉的,色彩鲜艳。最美的色彩就在民间的大俗大雅里。

"初一的饺子,初二的面,初三的盒子团团转。"这是天津人新年头三天必不可少的饮食。天津人爱吃,也会吃。一碗面条,要配上四样儿拌菜,叫作"四碟面"。最爱吃的拌菜是糖炒面筋,油面筋切丝,炒的时候放上白糖,酥脆香甜,是记忆中最难忘的部分。

"年"的文化就这样一代代传承,无论我们年龄多大,无论我们走多远,"年"永远是心里温暖的惦记。

——芮彤妈妈

方向对了，行动和努力才有价值与意义

2013年1月23日　星期三　雾转晴

这么多年来都是站在讲台上讲课，难得有机会再次走进校园当一次学生去听课，感觉真好！

本月17日—19日，我们吃住在北京师范大学，坐在课堂上听教授讲课，倍感亲切。短短的三天时间，我们听了八堂课，每堂课都是久闻其名、难见其人的知名教授、专家为我们授课，他们的热情、学识、看问题的角度和他们的机智、幽默、独到的谈吐无不令人敬佩。虽然日程排得极满，但我们一点都不感到疲倦。

我们像小学生一样工整地做着笔记，和教授一起思考，回答问题。感觉已进入瓶颈期的我，思路再次被打开。我被周荫昌教授用生命谱写的教育艺术感染着，激动着。何为最好的艺术？心胸开阔、大气、美好的东西，能够深层积淀的优秀的东西，等等。听到这里，我就有一种欲望，下学期每天早上到校就要为孩子们播放能够荡涤心灵的乐曲。暂时选了一些，如李焕之《春节序曲》、柴可夫斯基《如歌的行板》、圣桑《天鹅》、维瓦尔第《四季之春》第一乐章、帕西贝尔《卡农》、小约翰·施特劳斯《蓝色多瑙河圆舞曲》《春之声圆舞曲》《闲聊波尔卡》《维也纳森林的故事圆舞曲》，贝多芬《命运交响曲》，等等。如果哪位家长有好的建议可以直接电话联系我。这以后会作为一个常规的欣赏课继续下去，让我们的孩子被美好的事物熏陶着。

21日—23日，举办学校发展年度论坛，主题有："说说我们组的故事"（两个会场）"有效沟通做智慧的班主任""教育智慧我们共同分享——教师经验分享""开拓视野、感悟教育——名校考察""项目组在行动——项目开展总结"。本届论坛共有36位教师参与交流，每场都有专家参与，让与会老师能够相互了解、分享彼此的教育智慧，聆听专家的方向引领。这些论坛设在不同场地，每位老师可以自主选择去聆听，最后再一起总结交流。这三天时间，我们还有幸聆听了北师大教育学部洪成文教授的《教师专业轻松发展的智慧:职业圣光的视角》,教育部课程发展中心刘坚教授的《对话》,《小学语文教师》主编李振村的《非正式教育——一条通向心灵深处的教育蹊径》。

　　静下心来梳理几天来的"心灵之旅",将美好沉淀下来,如校长所说:与其坐而论道,不如起而行之!

　　下学期见!

　　万老师推荐的这些音乐都非常喜欢,我也帮孩子选了一些音乐拷在U盘里,开学时让孩子带给您。音乐可以怡情养性,激发灵感,非常赞成万老师的想法,让孩子们接受音乐的熏陶。谢谢万老师!

——网友

"精致"生活新开始

——新学期活动计划

2013 年 2 月 20 日　　星期三　　晴

抓住幸福的小尾巴,和大家分享一下新学期"精致"生活新开始。

这个年你过得如何?这个寒假你又有哪些收获?有没有欲望和大家分享一下?来参与我们的活动——"年的余味"。

可以是最具年味的一个小饰品包含的意义,可以是一个有意思的民俗带给你的快感与震撼,可以是你旅途中的一个小故事,亦可以是向大家介绍你寒假最大的收获,等等。形式不限,PPT、电视片、故事、儿歌、画、手抄报等均可。我们根据情况利用二、三月份体验这个活动。

我们还要延续上学期一些有意义的活动:

1. "家长大讲堂"。已经准备好的有雨辰爸爸、皓严妈妈。有哪位家长做好准备了,可以告知我一声,我们尽快排表。

2. "我教大家玩玩具"是孩子们课间的主打项,继续坚持玩下去。

3. 爱心箱、问题箱接着启用。

下学期我们还是以培养孩子们的各种能力为目标,开展一些活动。如"我是三小小主人之'我希望的三小生活是这样的'",让学生的想象驰骋,将希望的三小生活分享给大家。也许,这种希望并不遥远。这个活动将在四月份举行。

下学期,孩子们即将带上鲜艳的红领巾,五月份将以"我想入队"为主题开展一些活动,我们还要发预备队员徽章呦!希望大家有很好的表现。

六月份就要进入紧张的复习阶段,让孩子们自己制订复习计划,可以和大家分享!

希望孩子们在学习之余能够积极参与各种活动,提高能力,锻炼自己。

新学期,我们的班委要改选了,这次我们采取投票选举。这两天可以准备一份竞选演讲稿,25 日我们将在班级里展示,给大家一周时间相互了解,一周后我们将投票选举。

  各个活动均招募主持人，希望大家踊跃报名，家长们可以在这里发表评论，也可以短信告知。

  昨天晚上看了"感动中国人物"评选，几次泪流不止，情到深处，多想把自己的生命延续给罗阳！这只是一个生者的感慨。每一个"感动中国人物"的那份坚守都值得我们去感悟，希望我们也能够为我们的孩子坚守一块阵地，让孩子们的情感、思想有机会在这块阵地上尽情展露！

博客回应

  呵呵，快乐的假期过去了，马上到来的是精彩的一年级下半学期，好期待！看到万老师给孩子们安排了这么多有意思的活动，倍感充实。再向万老师拜个晚年！祝我们9班，新学期再上一个新台阶！

——凯萱妈妈

最美、最享受的过程

2013 年 4 月 22 日　星期一　阴

早上刚到学校,孩子们就按捺不住自己激动的心情:"老师,什么时候开运动会""我爸爸来""我妈妈来,我妹妹也来"……

不仅孩子们期待,从泊然妈妈带回要开运动会的消息开始,我们的家长们更是劲头十足,用智慧幻化出许多奇思妙想。微信群中秒杀报名,乐在其中;为了班级荣誉,妈妈们高风亮节,自动退出,力挺爸爸团;为了展现精神风貌,妈妈们开始为爸爸们从头到脚准备武装,设计班服、徽标。说干就干!报衣服号码之后,天一妈妈采购衣服,印制徽标,周日义务在校门口发放。大家太有智慧了,我们的家长们太能干了!我上周一整周都在忙,在一旁手机"滴滴滴"的呼唤声中,我和家长们享受着这个快乐的时光!有时,抑制不住的笑声把同事吓了一跳,他们用异样的眼神看着我,我将笑声藏到心里,心里乐开了花!亲爱的家长朋友们,有你们陪伴真好!让我们珍惜这美好的时光!

今天,我带着孩子们来到操场,被夺人眼球的一(9)班团队震撼了,爸爸团太帅了,妈妈们太美了!摄像机、照相机,"长枪短炮"不亚于奥运会。孩子们兴奋,家长们也变得纯真了,好像回到了儿时。看着那么阳刚的爸爸拉着我们的"小豆包"们奔跑好让人感动,用孩子们的话说,"像飞起来一样"。妈妈们在后面加油鼓劲做坚强的后盾。结果已经不重要,过程才是最美、

▲大手拉小手,感觉像在飞

最值得享受的!向我们可爱的家委们致敬,谢谢你们的倾力组织!向我们热心的家长们致敬,谢谢你们的热情支持!更谢谢学校为我们提供这样一个机会,让我们共同经历美好的过程!抑制不住激动的心情,简直想要跳起来!

▲一(9)班爸爸团和妈妈团

爸爸们的"小宇宙"爆发了,妈妈们的嗓子喊哑了,孩子们乐疯了!

爸爸们说:"真开心,又上了半天体育课!"

妈妈们说:"又回到童年了!爸爸的作用太大啦!"

孩子们说:"太好玩啦,我从来没有这种感觉,我真的飞起来啦!"

这个运动会太欢乐了!

博客回应

经过短暂的筹备,我们完美地完成了我们和孩子们的运动会,看着赛前认真热身、比赛时拼尽全力的爸爸们,真是很感动。我们总是认为爸爸们不愿意参与孩子的活动,看来他们有机会也是非常愿意参加进来的。我们妈妈们以后不要把爸爸的机会抢走了,一定要想着他们啊!今天真是开了一个好头,通过一次小小的活动,把我们一(9)班完全凝聚起来了。有这么好的老师,这么热情的家长,这么可爱的孩子,我们一(9)班一定会越来越好,成为一个团结的、充满激情的班级。真是兴奋难忘的一天!

——天一、天畅妈妈

班 会

2013 年 4 月 22 日　星期一　晴

今天是地球日，升旗的时候，我们学校代表海淀区中小学生参加了"第44个地球日启动仪式"，当副区长讲到我们每年有多少土地沙漠化、有多少水土流失、饮用水有多么紧缺等问题时，孩子们开始小声议论。看，小大人们也关心我们的环境，我们后继有人，欣慰！

第四节班会，我们为雅安祈福。看到两位最美新娘、最小献血者，看到那些与灾难抗争的一个个顽强的生命，孩子们的眼里噙满了泪水。让我们珍爱生命，同时也为受灾的同胞做些力所能及的事吧！

班会的剩余时间就近期发生的一些事给孩子们举了三个例子，请孩子们来评判：例一，下课了，恺琪看到地面有一本书，捡起来，看看名字，给思薇放到桌上；例二，值日时，一位同学恶作剧，把邻桌的衣服扔到地上，同学看到了，用墩布墩衣服，还有一位同学直接把衣服扔到了墩布桶里；例三，有的同学自己的物品管理不到位，地面总是一堆。有的同学看见了，捡起来放到主人的桌上，有的同学看见了，却故意在上面踩一脚。

孩子们进行评判。有的说，看到同学的东西掉到地上就要捡起来，我们要爱护它。有的说，我们要帮助同学，不能搞破坏。有的说，我喜欢恺琪的做法，我也要向她学习。

下午，教室里的景象就不一样了，看见地上掉了东西，他们都会主动捡起来，有名字的直接放桌上，没名字的举起来问问。意识有了，贵在坚持！孺子可教也！

孩子们经历了上一个学期，熟悉了同学，熟悉了老师，熟悉了环境，正值春天万物复苏，孩子们也和小动物、小昆虫一样开始躁动。有些同学喜欢动手伤人，不管是有意的还是无意的，我们都要给孩子一句嘱托：保护自己，关爱他人。建议每天放学让孩子先在楼下跑跑，释放一下能量，然后保证每天有半个小时到一个小时让孩子静静地看书或者复习、预习的时间。敛一敛气，静养精神。劳累则气散，脾气暴躁则气浮，运动过度则气耗。

爱上阅读

2013年4月24日　星期三　晴

谢谢芮彤妈妈的坚持！

3月份，我们开始了"爱上阅读"的活动。第一个月是全班性质的活动，在家委芮彤妈妈、天一妈妈、泊然妈妈，还有热心家长皓严妈妈、韦翔阿姨、佳轩妈妈的带领下，第一次活动制订了阅读公约；第二次阅读《三条小鱼》，感受课本剧；第三、四次进行课本剧的演出。这个月，我们开始尝试孩子自愿报名参加的形式，开始时，9班和10班共13个孩子报名，每周三下午2:40—4:00举行。由于时间的关系，一些家委没有办法参加，芮彤妈妈一直坚持带着孩子们阅读（其间子安爸爸带领孩子们上《红领巾》），每次一个主题，孩子们在芮彤妈妈的带领下走进不一样的"课堂"，确切地说是"爱"与"情"的欢乐殿堂。孩子们喜欢听芮彤妈妈讲故事，喜欢看芮彤妈妈精心准备的课件，喜欢和芮彤妈妈一起探讨母爱、友情……到今天为止，报名参与阅读活动的同学已经增加到20多个。希望在芮彤妈妈的带领下，可以有一个家长团队来研究我们非常有特点的阅读课该怎样上，上些什么，制订一个计划。如果家长们有需求，我们周五放学后12:40—1:30也可以再开一场。只是一

▲爱上阅读

个想法，大家集思广益，有意愿的家长朋友可以和我联系。

我们阅读课的视频从本周起将陆续上传到博客，家长们可以和孩子一起来"爱上阅读"。

博客回应

真的是和万老师不谋而合了！刚才还在想，如果5月份继续上阅读课，讲些什么？谁来讲？在哪里讲？怎么讲？……正想找万老师和家长们商量商量呢！前两次课，有的孩子不愿意抬起头来听故事，只是低头画画或者干自己的事，但是最近两次，他开始关注故事的内容，还会举手回答问题，这真是一个进步！今天，有个孩子一定要把他画的画送给我，热情得让我难以拒绝！还有，每次只要我提出要求，都会有小男子汉热心地帮我把显示屏打开，准备好。看得出来，孩子们喜欢听故事，喜欢上阅读课，这是最让人高兴的。

但我也确实遇到了一些困扰。比如，孩子们和我熟了，可能是想引起我的关注，就会在讲故事的时候来回走动或者故意和旁边的同学说话；也有的孩子总爱提问，打断故事。这些如果能够在以后得到改善，我们的阅读课会进行得更有意义、有趣味。另外，在内容方面，这个月我们讲了四个绘本故事，分别是《爱心树》《我有友情要出租》《犟龟》和《花婆婆》。家长们可以问问上过的孩子，喜不喜欢这些故事。接下来，我们给孩子们继续讲绘本还是选一些别的读物？我想到的问题还包括阅读课的地点，是教室还是阅览室？可不可以增加点音乐？可不可以让孩子们围坐成一圈？要不要给孩子们安排作业？能不能每次让一个孩子给大家讲一段故事？……

总之，为了让孩子们不虚度每一次的阅读课，并获得实在的好处，好希望多几位家长加入这个队伍。无论您的孩子是否在上阅读课，我们都可以一起出谋划策，给孩子们奉献一堂更加有意义的阅读课。

——芮彤妈妈

贵在坚持

2013 年 5 月 20 日　星期一　多云

亲爱的家长朋友们：

　　大家好！今天上午和一个校长团交流，让我再次回顾了我们走过的路。从 2012 年 9 月 1 日至今，不知不觉中我们一起相互扶持着做了那么多事。当昨晚我做完最后一张 PPT 的时候，一看已经是第 87 张，痛痛快快试说一下，用了将近两个小时。后来经过高度浓缩，变成 58 张，只说梗概用了 15 分钟。我们这一路走来，您累吗？泊然、芮彤的妈妈累吗？天一、科瑶、佳熹、宁泊的妈妈累吗？伯缘、苏祺、一凡、子孟、顺然、梓嘉、佳轩、蒲榕的妈妈累吗？所有的家长们，带着我们的孩子一路走过来，你们累吗？今天下午，杜主任问我：你这样做有什么感受？什么感受？现在觉得带着孩子们玩挺好玩的。可是回想当时的初衷，往大了说，其实还真有一种社会责任感驱使着我。看着孩子们每天都埋在书本里，生活有点单调，就想为孩子们做点事，为他们的将来积累一点精神财富。同时，还有一些家长在教育孩子时方法确实有一些偏激，看着让人有点着急，想给家长一些了解、认识孩子的机会，从而调整他们的教育方法。往小了说，就是一种兴趣。小乐妈妈问过我：你都已经做得这么好了，干吗还拼命？我想说：就是喜欢孩子，发自内心地喜欢。即使他们的淘气，回想一下都是成长中的乐趣。他们是我生活的调味剂，离开这些孩子们，也许我的生活就索然无味了。真的爱他们，爱他们依赖的眼神，爱他们被信任的喜悦，爱他们真诚的微笑，甚至爱他们的淘气。

　　回顾我们走过的路，我们的博客已经开设了 254 天，有 32387 次访问量。每天坚持写下来，累吗？当然，但是它已经成为我不可分割的一部分。我不想爱它的人因没有见到它的出现而失落。我们暖人的微信群自开通以来，成了我们的交流平台，每天必须去看一看，总有亲人在上面发布及时的提醒，交流教育方法，把自己看到的趣事和大家分享，这是我们不能错过的一道"风景"。我们的"共读"图书漂流，不仅孩子们在参与，家长们也加入了进来。

大家开始互相推荐好书，分享读书心得。我们的"家长书库""孩子书库"，我们的"家长大讲堂""爱上阅读"，我们的"玩具大讲堂""我是三小小主人"，我们的假期生活介绍，我们的"经典育人"，我们的"爱心箱"与"问题箱"，我们的专家讲座，我们为打工子弟小学捐书……每一项活动都有家长参与其中，都有家委的全力付出。在这里，我要谢谢大家的陪伴，谢谢大家和我一起的坚持！

这一切是为什么？老师为什么？家委为什么？对，就是为孩子！家委是为自己的孩子吗？不，他们是最无私的，有的虽然自己的孩子没有在阅读班里，却也在为阅读班上课。为什么？因为他们有一颗爱心。为了让老师照顾一下自己的孩子吗？上课一样听讲，回答问题机会均等，班委和大家一样报名投票选举，有了错误一样向同学道歉！家委非常理解，也非常认同，在一（9）班，一切都是公平的！我们家委的队伍不断壮大，希望更多的家长可以与我们协同作战，加入我们陪着孩子"玩儿"的行列！期待您的参与！不要只待在"围城"外面看风景，走进城里感受一下，尝试一下，你会从中体会到不一样的快乐！

还有一个多月的时间，孩子们就要升入二年级了。到了二年级可以开展哪些活动呢？大家可以想一想。我想，二年级孩子可以适当写一些东西了，我们可以往这方面发展一下，设计一些活动，让孩子将来不仅能做事、能表达，还要能反思、能总结，也就是能写作。我想在二年级除"家长大讲堂""爱上阅读"等已经变成常规工作的活动之外，我们还可以开一些"家长沙龙""家长书吧"，给大家提供聊的机会。孩子主打这个活动。可以着手设想一下。

今天第四节课，皓严妈妈为孩子们进行了建筑知识讲解，泊然妈妈摄像。孩子们非常喜欢，睿阳看书多的优势发挥出来，每次皓严妈妈提问，他都激动得不行，急切地想把自己知道的和同学们分享。看来，这个领域的知识孩子们也比较感兴趣。

中午，班里发生了这样一件事：午饭后，不知是谁把安琦的水瓶碰到地上了，淘气的小乐、华把水瓶在地上踢来踢去。副班看到了，让他们捡起来，同时把他们的水瓶拿过来，教育他们怎样去爱护同学的物品。顺然认为副班侵犯了好朋友的利益，上去就和副班抢。当我回到教室，好不热闹。我让安琦描述了事情的经过,请同学们谈一下自己的看法。同学们说:小乐和华做得不对,看到掉在地上的东西应该马上捡起来放到同学的位子上,不能踢来踢去,不卫生,同学心里肯定不好受,如果是你,你怎么想。说得多好!顺然也应该尊重老师,不能跟老师抢东西,要知道对与错。我请几位同学想想这件事怎样解决。小乐和华跟安琦道歉之后帮安琦把水瓶洗干净,并且答应安琦以后帮助同学,不再破坏同学的东西。顺然明天要向副班道歉,并且以后学会尊重别人。

孩子的是非观念还不强,需要我们帮着他们明辨是非,明白什么可以作为游戏,什么是在侵犯别人的利益。

好了,我们的故事还在继续,还是那句话,让我们保持一颗童心和孩子一起"玩起来"。

博客回应

感谢万老师及时、正确地处理各种突发的小 case。辛苦了!安琦回来后第一时间向我"报告"了白天的小插曲,但是听她叙述的时候,我明显感觉她已心无委屈或者丝毫的怨恨,就知道老师已经妥当地处理完毕,顿时心存感激。其实,看似一件小小的事情,却可以让孩子重温一下美好的品德:爱惜、负责、担当、宽容……孩子最后居然还用了换位思考的方法告诉我班里是如何对这个事情进行反思的。再次感谢老师,让孩子在经历一些事情的时候,仍然感受到爱,充满着爱,拥有着爱。我想,这样的成长经历会帮助她还有同学们学会用爱去回报。这样的未来才是和谐的。

——sunjianwei88

后面的同学,你们好吗?

2013 年 9 月 8 日　星期日　雷阵雨

周五,我们实行了"自由座位日",很多孩子一改往日需要家长叫才起床的习惯,主动催促家长要早些到校,选择自己喜欢的座位坐。

周五早晨的教室有序而活泼。最有意思的是,往日坐在后面的高个子同学纷纷跑到第一排就座,当我逐个采访时,答案如出一辙:没有坐过第一排,想试试!放学时采访孩子们有什么不同,这些同学说:第一排看得真清楚。

还有的同学的想法更有意思:我只有一年级第一天坐在这个位置,后来就没有坐过,今天想再坐一次。有的同学在下面做足了功课,已经约好和谁坐在一起,于是早早到校实现约定;还有的同学选择教室后面靠门的位置,原因是想看看外面是什么样子。有两个同学来得稍晚一些,只有角落的位置空着,他们只得悻悻地走过去坐下来。一些小个子同学也尝试了一把坐后面的感觉。有的同学说,一直以为后面的同学在下面做什么老师都不会知道,今天体会到了,并不是这样,原来后面的同学被提问的机会更多。

相信大家都不会忘记演唱会上歌手们都有这样的动作:隔着遥远的距离亲切地向后面的观众喊上一句,"后面的朋友,你们好吗?"接着把麦克风对着后面的观众伸过去,如潮水般的呼应随之而来。课堂上,老师的目光也会更多地放在中后方,那些同学更需要老师的关注。因为,他们的物理距离虽然有些远,但是老师要把心理距离拉近,达到互补。

通过这个活动,孩子们有了不同的体验、不同的感受。以后会给孩子更多的自己做主的机会,在活动中让孩子感受到应该对自己的选择负责任!

与科学家爷爷的对话

2014年2月19日　星期三　晴

　　今天下午,我们请来了中国科学院大气物理研究所的研究员、博士生导师、《中国科学探险》杂志社社长高登义爷爷,为孩子开设讲堂——《南北极的故事》。

　　一大早,几个小主持人就凑在一起开始对词。负责为高爷爷献红领巾的队员开始找来小陪练练习。同学们也都把自己昨天制作的"问题卡"交到前面,由家委帮忙制作成"写给科学家爷爷的悄悄话"转交给高爷爷。两个班的家委从昨天下午确定活动之后开始着手准备,临时建的微信群中几百条微信商讨活动的各个细节,着实感人。

　　下午1:40,高爷爷准时来到我们的教室,两个班的小朋友坐在一起,有些兴奋,但是等高爷爷一开讲,孩子们立刻被北极熊一张张萌照,拟人化的旁白,高爷爷的想象以及一个个妙趣横生的小故事吸引了。听故事的同时,孩子们不仅获得了科学知识,也受到了思想教育:不气馁、有毅力、团结互助、保护环境等等。北极熊原来捕食海豹,由于海豹变得稀少,改为吃三文鱼;三文鱼捉不到了,改为吃海带;海带也在慢慢减少,改吃鸟蛋;鸟蛋不好找,现在在逐渐适应吃草。好可怜的北极熊。高爷爷很会给孩子们讲故事,把他的所见所闻,甚至一张照片,都能变成一个故事讲给孩子们,让孩子们发自内心地高兴。高爷爷第一次到北极,看到北极鸥,就兴奋地用长焦去拍它。因为离得有点近,北极鸥爸爸、妈妈就轮番去驱赶高爷爷,去啄高爷爷的帽子,高爷爷依然没有动的意思,继续拍摄。北极鸥爸爸、妈妈真的生气了,最后用出杀手锏,轮番在高爷爷的身上拉便便,弄了他一身、一脸。孩子们想象着这幅情景,眼里满是喜悦,有一个接一个的问题想问。

　　由于时间关系,科学讲堂结束了,孩子们恋恋不舍,希望再有时间听高爷爷的故事。在讲堂中,我们有几个同学还回答了高爷爷的问题,获得签名的《漫画科学》。际平准确地说出我们国家在南极建立了长城站、中山站、泰山站，只有昆仑站忘记了，很了不起。梓嘉回答了"为什么我们的泰山南极考察站的形状是圆形而且下面有很高的柱子"。高爷爷说这是给初中生的问题，她都答出来了，很厉害。天一回答了高爷爷提出的"企鹅的爸爸妈妈把刚生出来的小企鹅放到哪里"。原来是放到"企鹅幼儿园，由两位成年企鹅老师照看"，好有意思。还有很多同学和高爷爷互动，高爷爷为我们每个班留下两本书，孩子们可以轮流借阅。睿阳还和高爷爷要来名片，要观看上面的PPT，随时联系。辰宝也及时在本上抄录了高爷爷的邮箱，准备一睹为快，看孩子们多有想法！

高爷爷看了孩子们的悄悄话，非常认真地一一作答。这里节选一些（选自《漫画科学》第4期，《给高爷爷的悄悄话》）。

悄悄话1：南极冷还是北极冷？为什么？

高爷爷：南极比北极冷。目前，测得南极地面最低气温为-93.2℃，而北极地面最低气温在-70℃以上。原因是北极地区主要是海洋，南极地区主要是南极大冰盖的陆地。

悄悄话2：如果企鹅到北极，北极熊到南极会怎么样？企鹅和北极熊永远不会在一起吗？

高爷爷：想象力很丰富！这要通过科学实验才能得出结论。但目前可以告诉你们，近50年来，英国科学家已经成功从北极引进60对驯鹿到亚南极地区，现在已经繁育得很好了。

悄悄话3：极光是怎么形成的？南极企鹅有几种？北极有植物吗？

高爷爷：太阳发射的高速度粒子流（也就是太阳风）通过地球的南极和北极，进入地球的大气层后，与大气摩擦而产生的可见光就是极光。南极有8种企鹅。北极有植物，还有森林。

悄悄话4：气候变暖，企鹅栖息地会减少吗？食物难觅，企鹅宝宝会饿死吗？

高爷爷：卫星观测资料表明，全球气候变暖目前还没使企鹅的栖息地减少。当然，如果未来全球气候继续变暖，可能会影响企鹅的生存条件。

悄悄话5：南极、北极科考队员的排泄物怎么处理？会不会污染那里的环境？

高爷爷：按照国际有关条约规定，科考队员的排泄物必须带回自己的国土。然而，并不是所有的队员都严格按照条约规定办事，这样就会对南极或北极环境带来污染。因此，我们应该严格遵守国际规定，参加南极、北极科学考察的人，除了允许带回的科学样品和科学资料外，不要带走那里的任何东西，也不要在南极、北极留下任何东西。

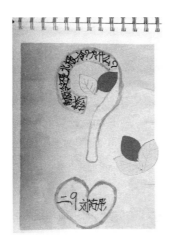 

悄悄话1	悄悄话2
悄悄话3	悄悄话4	悄悄话5

悄悄话6：为什么南极有企鹅而北极没有？

高爷爷：这是一个经典的问题，目前还没有准确答案。

悄悄话7：南极什么时候会没有？

高爷爷：这是一个非常大胆的提问，非常好！据我所知，按照地球历史变化规律，地球是由一个板块逐渐分裂成现在的状况。地球物理科学家预言，未来地球也许会回复到一个板块的状况。那么，到了那个时代，可能也就没有南极大陆了。

悄悄话8：北极有雾霾吗？

高爷爷：北极以海洋为主。因此，北极有雾，尤其是夏天，雾天很多。据我所知，目前还没有关于北极霾的报道。

悄悄话9：北极的冻土下面还有长毛象吗？如果把完整的长毛象化石解冻，它们还能复活吗？

高爷爷：也许，是童话吧。

悄悄话10：我希望可以和企鹅做朋友，我想和它们交流，多了解它们的生活，帮助人们战胜严寒。

高爷爷：很好！企鹅是人类的好朋友。有机会，你可以多接近企鹅，了解企鹅，帮助人们适应严寒带来的不利因素。

悄悄话11：我很崇拜您，因为我的梦想就是当一名科学家。我以后长大了也要跟您一样去南极和北极探险。所以我要好好学习。

高爷爷：我也崇拜你！因为，我像你那样年龄的时候，还没有像你那样想过要当科学家呢！加油！

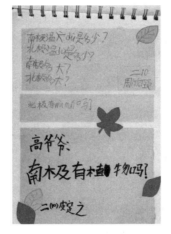

悄悄话 6	悄悄话 7
悄悄话 8	悄悄话 9
悄悄话 10	悄悄话 11

附 一
万霞老师写给高爷爷的信

尊敬的高爷爷:

您好!

非常感谢您百忙之中能为孩子们讲一讲您亲历的故事,您的到来在孩子们中间掀起了"极地科学"热潮,今天他们还在意犹未尽地延续着昨天的话题。家长也发来短信说:放学路上,儿子一直在讲北极熊从吃海豹到吃三文鱼、吃海带、吃鸟蛋,再到吃草。妈妈,我们一定要保护好环境。还有的同学晚上就做了一张小报——《让家园更美丽》,并编了一首小诗:

请不要把树木砍光,
留一片茂密的树林,
做松鼠的乐园、小鸟的天堂。
请不要把草原啃光,
留一片青翠的绿荫,
做牛羊散步、骏马奔跑的地方。
请不要把垃圾乱扔乱放,
留一块干净的空间,
做我们的游乐场。
请不要把污水排进小溪,
留一条干净的小溪,
做小鱼的乐园。

这只是一个缩影,多纯真的童心,让人感动得想落泪,也想请您和我们分享,更希望您能有时间再来到我们的学校为更多的孩子讲故事。

今天早晨孩子们到校,争先恐后看您的书,爱不释手。都问我:高爷爷什么时候再来讲故事?我们的问题,高爷爷什么时候给我们答案?正巧就看到您的这篇文章《给科学家爷爷的悄悄话》。您的爱心与敬业精神不仅让我感动,更让孩子和家长们感动。我们学校有校刊《大家》,如果可以,能把您的这篇文章在我们的校刊中刊登出来吗？学校还有很多有科学梦想的孩子！期待您的回复！

  此致

敬礼！

万 霞

2014 年 2 月 20 日

附 二

高爷爷的回信

万霞老师：

  你好！

  你和孩子们对于科学的热爱，令我感动。你和孩子们对于大自然的热爱与好奇，也令我感动！

  其实，科学家，尤其是退休了的科学家，就应该把主要精力放在科学普及上，尤其是要面向青少年。

  这里，我把这篇《给科学家爷爷的悄悄话》发给你，但愿有所帮助。

高登义

2014 年 2 月 21 日

"桥之梦"带给孩子们的

2014 年 5 月 30 日　星期五　

早晨到校，看到孩子们脸上写着兴奋，不停地表达着自己从早晨到现在的心情。这是不平凡的"六一"庆典。我们班要作为小小讲师团到一年级去为学弟学妹们进行精彩讲解，由我们班曾经开展的"精彩桥吧"涌现出来的小讲师，和"玩具总动员"涌现出来的玩具达人组成五个宣讲组轮流为一年级小朋友讲解。

8:10，大部分同学到校，我们开始佩戴"学长证""记者证""讲师证"，同学们戴上这些证件，又在手里拿着翻过来掉过去地看不够，还互相展示。我知道，他们要从里面看出自己的成长，看出自己的成就，看出自信与自豪！借机为每位同学留下一张珍贵的照片。

8:20，一年级入队开始，派出我们班的小记者到操场实时记录一年级的学弟学妹们人生中第一件大事。

8:30，我再次对孩子们进行了动员，开始分班活动。孩子们带着二年级的"小成熟"走入一年级的班级，这将是一个怎样的场面呢？怀着期待，我开始挨个对一年级的班级进行巡视。一年级小朋友们入队还没有回来，我们的小学长已经开始在教室忙碌。禹华正在一（10）班，帮助负责老师剪纸，态度极其认真。一凡在一（9）班问老师：我有什么能帮您的吗？此时，一年级同学还没有回来，一凡没有任务，就静静地坐在教室里和负责老师一起等待。霁扬和刘祺在一（8）班，班里没有老师，两位小学长就在门口的位置坐定，随时待命。一（7）班好热闹，原来我们的折纸团队正在这里排练，博文当起了临时观众。一个个那样严肃、庄重，没有人去要求，孩子们自己就开始给自己搭建进一步攀登的阶梯——自律、自我完善，真让人感动！走入一（6）班，这里有我们天畅一组，我们的实习老师孙老师在这里负责。泊然帮助大家拷 PPT；际平和韦翔、小乐在一起研究自己为一年级同学准备的互动奖品；宁凯、景晨、宁泊在预演自己的节目。进入一（5）班，思薇和睿阳也在静静地等候一年级学弟学妹们的到来。一(4)班有我们科瑶一组，也在自顾自地预演着，同样是很神圣地对待这件事！一（3）班的伯缘已经开始帮助老师工作了。一（2）班的墨圣和负责的英语老师交流英语，真是不失时机地学习，他还不时帮助老师做些小活。予硕、佳轩在一（1）班那么规矩地坐等一年级小朋友，让人看了都感动。孩子们这种状态、语言表达都传递出一个讯息——他们真的成长了！

8：50，结束了入队的一年级小同学回到教室，我们的活动开始了。我先停留在一（4）班的会场，边录像边为孩子们拍照，忙得不亦乐乎，不时去各处看看孩子们的精彩表现。最先讲解的是周易小朋友，声音甜美，语言流畅，表情丰富，偶尔穿插互动提问，熟练地操作PPT。子孟依旧是神采飞扬，抑扬顿挫的声音伴随得体的肢体语言，他的表现力一下就吸引住了在场的一年级学弟学妹。皓严昨天晚上下的功夫今天全部展现出来，和小同学互动非常热烈。科瑶为参与互动的学弟学妹发奖。能干的皓严替同学拷PPT，有时也帮助操作电脑，俨然是个中高手。最有意思的是两个数学游戏，润松、顺然每天中午都会自己排练一遍，从他们今天的导语、演示的熟练程度就可以看得出他们的努力。顺然还不失时机地维持一年级小同学的纪律。其余同学都当小助手给一年级同学发放八角球，学弟学妹们有打不开的就主动帮助他们打开，并在活动中指导他们怎样操作。小学长就是小学长！

9：30，我走入一（6）班的会场，录制了天畅这一组的活动。首先是景晨和宁泊上场，宁泊拖着受伤的左臂依然坚持和景晨一起主持，他们利用早上和课间时间一起串词，练习操作，精神真是可嘉。小助手们轻声细语，耐心指导一年级同学进行"挑棍"活动，每个人都当起了老师。接下来是泊然对乌本桥的介绍，孩子们被异国的景色迷住，也为泊然的精彩讲解倾倒，专注的神情都记录在我的相机里、脑海里。由于时间关系，其他同学第一场的讲解没有录下来，还好我们之前预演的时候都录制了，不会留下遗憾。

10：30，孩子们回到教室，我为他们分发了儿童节礼物，请同学们讲一讲自己的感受。下面是孩子们的实况在线。

皓严：我当时去了很紧张，我没想到讲着讲着，越讲越好，当时很多人给我鼓掌，有些不可思议。

芮彤：我当时在那个班的时候讲井字棋，我们给他们发纸，第一张用完了，都要第二张纸，我觉得他们都非常喜欢这个游戏，我觉得真是太不可思议了！

乐山：第一个是泊然讲，我觉得很紧张，再过一个就是我讲了，讲着讲着我觉得就放松下来了，我都背下来了，没有花费太长时间就讲完了，同学们都很喜欢。

佳熹：我们到教室等了一会儿，他们人终于回来了，后来才知道这些不是看我们表演的那些人。后来又过了一段时间，人终于来了，我当时很紧张，然后讲的时候就不怎么紧张了，他们都叫我姐姐，我觉得他们太可爱了。

泊然：我是第一个讲的，我觉得很紧张，但是，其实我都背下来了，我讲的时候就不紧张了，我觉得真像在做梦。

思薇：我刚进班看到教室里一个人都没有，万老师让我们敲敲门，如果里面有人允许了我们再进去，人来的时候，我马上问老师，我有什么可以帮你们的。老师让我们把胸贴贴在同学们的身上。……

润松：今天我和顺然讲的时候，八角球他们都不会做，我说不会做的举手，我们全班都帮了两遍，因为我们讲了两场。还有小记者后来到我们的场地，我们跟他们说，完事了就应该先回班。

宁泊：我和泊然一场，我当时和景晨第一场最后还没讲上，第二场第一个讲一点也不紧张。

安琦：我知道了老师的辛苦了，我在讲的时候他们不时特大声说话，他们一会儿玩儿，一会儿叫姐姐这个怎么折，那个怎么折，我们头都大了。

子孟：我刚刚讲的时候，他们都用奇怪的眼神看着我，我也不知道为什么，最后我感觉越讲越好。

雨辰：我是小记者，去篮球馆的时候很快就开演了，那里坐了很多很多的人，我当时就不知道坐哪了。看到中间有一个大大的蓝色地毯，中间有围栏，我就坐在地毯上拍照。

韦翔：我们当学长的时候，宇坤小记者去给我拍照了。

刘祺：我们开始帮着带着小学妹们到四楼去看课本剧，霁扬也帮忙，然后回来指导学弟学妹们玩玩具。

天一：我做完记者回来帮助老师做了我们班教室的值日，地都是我们扫的。我还去各班照相，开始不敢进去，后来就没事了。

霁扬：刚到那个教室特别空，过了一会儿，老师和同学们都回来了，老师让我们送他们同学看演出，送到四层。回来以后，丰老师在一（9）班玩蘑菇钉，我和他们一起玩，他们玩八角球不会玩，我把他们教会了。后来老师让我们帮他们搬东西。

透过孩子们的描述，您有什么想说的？

博客回应

看着万老师把孩子们的这些话记录下来，实在是让人大饱眼福！孩子的话是最真实的表达！看着他们的话，我感觉到他们的成长和责任，也感觉到这两年来万老师的辛苦付出得到的满满的回报。六一，是孩子们的节日，他们抱着儿童节礼物快乐地笑着。这个瞬间，我感觉，也是他们送给老师的礼物！

——泊然妈妈

享受班级的幸福生活

——优秀班集体事迹材料

2014 年 4 月 7 日　星期一　晴

中关村三小万柳部二（9）班是一个拥有 42 名成员的大家庭。同学们在这个集体中慢慢学会自我管理、自我激励，实现自我价值。每一个同学都热爱学习，愿意帮助别人，希望自己成为一个受欢迎的人。老师和同学们都非常爱这个集体，生活在这个集体中感到很幸福。

一、"幸福公约"营造幸福氛围

"久熏幽兰人自香"。我们就是在这样一个幸福的氛围中生活、成长的。

1. "幸福小贴士"贴心。

为了实现自我管理，开学初，在我的指导下，同学们根据自己平时的观察、交流，自愿组成合作小组，草拟制订"幸福小贴士"。班会课上，小组成员将本组制订的"幸福小贴士"的初衷、目的在班上进行解读，经过同学们的讨论、完善、通过，张贴在教室"幸福小贴士"栏目中。

这些小贴士有涉及同学之间怎样友好相处的，如"有困难，请求助""想游戏，请邀请""帮助别人，收获快乐"；有涉及环境保护的，如"眼前无垃圾，身边无损坏，看到坏行为，真诚去提醒"；有涉及习惯养成的，如"下课五件事：上节课用具进书包，下节课用具放左上角，喝水，桌椅齐，地面净"……同学们在这些贴心的提醒中慢慢规范自己的言行，同学们的自我管理让班集体秩序井然。

2. "爱心箱""问题箱"安心。

低年级同学有一个通病就是"爱告状"，喜欢盯着别人的问题不放。这样非常容易造成同学之间的不团结，有的同学因此结怨。班会上，我就这个问题和全班同学交流，请同学们出谋划策。经过大家讨论，我们班设置了"问题箱"和"爱心箱"。组织委员在家长的帮助下为班里制作了红色的"问题箱"、绿色的"爱心箱"。同学们如果看到其他同学存在问题，或是自己心里有小心结，都可以写在一张便笺上，投入"问题箱"。看到同学有爱心行为就投入"爱心箱"。每天晚上中队长和班长开箱取出，回去整理。晨检时间由中队长颁发爱心章。同学们有了学习的榜样，形成了良好的舆论氛围。班长负责整理出同学们的问题，如果是比较普遍的问题，由班长建议我在班会上带领大家集体解决。如果是个别问题，班长先和相应的同学谈，如果有需要再请我来解决。这个小小"问题箱"不仅解决同学之间存在的问题，有时也会收到同学提出的心理问题，使我可以及时疏导。"问题箱"不仅保护了同学们的自尊心不受伤害，同时也消除了同学们对被告状的恐惧，成了我们彼此交流、联系的小纽带，拉近了师生、生生之间的关系，班中的不良行为也在潜移默化中慢慢减少。同学们的自我管理让班集体气氛融洽。

不到两年的时间，在老师和同学们的共同努力下，我们为自己营造了一个温馨、舒适的环境，大家在这里幸福地学习、生活。

二、"班级活动"创设幸福空间

游戏、活动可以为同学们开启一扇智慧之门，是同学们自我激励、实现自我价值最重要的途径。

为了丰富同学们的课间活动，增进同学之间的了解与沟通，我们班开展了"玩具总动员"活动。回想儿时的我们，下课铃声一响，手里拿着跳绳、沙包等玩具，跑出教室占据有利地形开始游戏。活泼好动是孩子的天性，教师应当尊重孩子的年龄特点和生理特点，为孩子们找回童年。于是我们班开展了"玩具总动员"活动。首先在班级博客中发出活动倡议，接下来招募小主持人，主持人根

▲玩具大讲堂时间表

据报名情况制订计划。同学们着手自制玩具，带到学校利用课间教大家玩。玩具由小组长保管，每节课间，同学们做完课前准备之后，就可以到小组长那领自己喜欢的玩具，打上课铃前主动交回。

通过这项活动，同学们学会了八角球、华容道、挑棍等30多种游戏。他们在井字棋、八角球中增长智慧，在挑棍中学会细心，在翻绳中懂得合作……活动中，学生和家长一起自制玩具，练习讲解玩具的玩法，体味亲情；学生站在讲台上绘声绘色地讲解，锻炼了能力，感受到成功的快乐。

▲看，这是孩子们自己组装的花架

春天万物复苏，为了让同学们体验"播种"的快乐，我们班开展了"拥抱春天，播种绿色"的活动。在班主任、家委和班委的精心策划、组织下，我们班购置了花架和花盆。每个小组一个花架、两个花盆。同学们以小组为单位自己动手组装花架。活动中，同学们团结合作，增进了彼此之间的友谊。

同学们在播种活动中了解了蔬菜的种类，认识了蔬菜的种子，经历、体验了松土、撒种、培土、浇水的全过程。这项活动满足了同学们的好奇心，使他们获得了一种被小范围需求的幸福感。在活动中每组每天要完成一张《植物观察记录表》，从日期、温度、天气、浇水次数、叶片数量、颜色、形状、高度等各方面观察、记录小苗的成长。孩子们开始每天带着相机，拿着小尺子流连在小苗前。有的没有办法描述小苗的形状就画出来，形象生动。

在活动中，有的孩子说：松土时感觉土太硬了，我翻两下手腕就酸了；有的说：肥料太臭了，得捂着鼻子。他们从中感受到了农民伯伯的不易，懂得了爱惜粮食。同学们每天边记录，边交流："这盆苗长得好，可能是因为

植物观察记录表			植物观察记录表					
组名：_____			记录员：_____			记录员：_____		
日 期	天 气	温 度	浇水次数	叶片数量	叶片颜色	叶片形状	植物高度	

植物种子描述

照片或者图画

同学们土翻得够松软，种子撒得均匀，小苗总是照着阳光。""这个种子的壳硬，小芽顶出来得慢。""小苗总是向着阳光的那个方向生长，都长歪了，应该过两天为花盆调换一下位置。"俨然是一个个小专家。我们还将数学知识、摄影知识、农业科学知识、语文融入播种活动中，每个同学都有分工，有的负责浇水、除草，有的负责摄影，有的负责记录，有的负责小组的资料整理。孩子们兴趣盎然。

▲测量植物高度　　　　　　　　▲给植物拍照

活动将同学们的心凝聚在一起，让同学们之间的关系更融洽。活动让每一位同学都能实现自我的价值，每个同学都在活动中幸福成长。

三、志愿服务，幸福贴心

我们班有一支非常得力的"家长委员会"队伍和一支"班级志愿服务"（班委）队伍。两支队伍中的每一位成员都积极、热情地为班级服务着。

老师当得越久，一种"恐惧"感就越强烈，我感觉自己已不能满足孩子们的求知欲，用什么来支撑我教育现在的孩子？当我感到力所不能及时，想到了我的同行者——家长。每周一次的"家长大讲堂"将家长自身优势与资源带入课堂，他们以孩子能接受的语言，配合做好的PPT到班中介绍自己的工作。《一个神圣的职业——医生》《电的产生》《武警与武器装备》《计算机与我们的生活》等内容相继和同学们见面。这个活动就是希望某位家长的讲解能够奠定某位同学的人生目标，打开某位同学心灵的另一扇窗，让孩子在学校不仅能获得课本上的知识，更能获得社会知识，获得全方位的能力培养。

"爱上阅读"活动，每周由家长阅读团队成员轮流为孩子们上一节阅读课。经过耐心、细致的梳理，为孩子们确定了绘本内容《我有友情要出租》《不会写字的狮子》《小黑鱼》《爱心树》《花婆婆》等，一个个纯洁美丽的画面，引人入胜的故事情节，发人深省的道理，不仅感染着孩子，也征服了旁听的家长们。随着阅读活动的开展，孩子还在课余时间编排课本剧。随着《三条小鱼》《三只小猪》等一幕幕课本剧的上演，孩子们懂得了友情的重要，学会了与人相处，学会了合作，丰富了知识，提高了能力。

每一个活动都有一名班委负责，包括制订时间表，电话提醒家长活动时间。还有同学负责收取PPT，或者负责照相、摄像。每位同学都能非常好地完成每一项工作，能力得到了锻炼与提高。

经过不到两年的培养，我们班的同学具有了非常强的能力。有30人分别参与了学校的"校园望远镜"广播、六一大型活动的主持、开学典礼上的讲话、各个展室的解说、配合高年级作国旗下讲话，等等。同学们和家长们与我一起经营着我们的班级博客："万霞老师的班"。

学校校刊《大家》为我们班开设了专栏，从"一（9）班"到"二（9）班"。我们班经常参与接待外校来访的做课和参观任务。

每个同学都为生活在这样一个集体而幸福、自豪，我们会大声说：我们爱这个集体，我们爱中关村第三小学二（9）班！

第三章

走近孩子

不能兑现的承诺

——坚持原则

2012年9月18日　星期二　晴

　　早上，淇淇哭着被值班老师送进来。问她，她自己也说不清哭的原因。上完课，和孩子聊了起来，原来，妈妈曾经跟孩子说过中午接她回家吃饭，结果，过了这么多天都没有兑现。今天早上妈妈送完她，没有走，在那看了她一会儿。她忽然想起这件事，就又跑回去，想让妈妈兑现这个承诺。一上午，孩子就在这种期待中多次让我给妈妈打电话。我对她说："妈妈没有跟万老师交流过这件事，踏踏实实上学，放学了准会见到妈妈，这件事万老师能保证。"中午吃饭时，孩子还抱着幻想：妈妈说要接我回去吃，我不在学校吃饭，我吃不下。我请分饭老师帮忙给她少盛了一些，她感到妈妈不能接她了，也就安心吃饭，一会儿又开心地找我聊上天了，像个没事人！观察了她一会儿，发现确实没有问题了。给她妈妈回了一个电话，沟通了一下情况。

　　由这件事看出，我们不能实现的事情不要轻易向孩子承诺，不要图一时的安心就去欺骗孩子，尽量不要让孩子的期待落空，以致失去孩子对我们的信任。我们给孩子的承诺要有准确的时间，不要总说"过两天""过一会儿"。否则，孩子对我们的信任就会在一个个"一会儿"中丧失掉。

　　早上上操，体育老师带领大家进行队列练习，严严和旁边的伯缘打闹，不小心让我看到了。他知道自己违反了体育老师提出的要求。孩子很好面子，怕我批评他，可是又不愿意马上认错，正处在尴尬的境地。我本想不理会他，让他自己修正。但刚走到他跟前，严严自言自语："他招我。"我压下了刚刚萌起的念头，对他说："先说自己的错误，别人的错误老师会去教育。听体育老师的要求怎样站队。""退我学费，我要走了！"好大的气性！"我尊重你的决定。只是没有交过学费，不用退，现在老师就可以领你走并把你送到妈妈手上。"我心想：孩子耍脾气不能在大庭广众之下，让那么多人看到，使他自己下不来台，更顶着干了。就准备顺势带走他，可是孩子一看，老师没有被他的小伎俩吓到,又开始耍起赖,不走了。我这次没有顺从他,直接带他回到教学楼。

严严看到我的态度,马上说:"老师我想不走了,不要跟妈妈说。"我对他说:"我可以给你保密,但是体育老师带那么多人,每个人都在听老师的要求,按老师的要求做,积极锻炼身体,不给别人添麻烦,准备为班级争光。老师允许你犯错误,但是要知错就改,不能把责任都推到别人身上。老师不想在同学面前批评你,也是给你留足面子,希望你能够改正自己的错误。你是我们班的卫生监督员,老师和同学多信任你呀,把这么重要的任务交给你来完成。你更要给同学们起好榜样作用。"孩子很懂事,立马端上盆子去洗擦布、擦黑板、窗台、书柜,忙得不亦乐乎。为了让孩子挽回面子,我在全班面前表扬了他爱劳动、负责任。接下来,他做事更主动,早上的事像没有发生一样。这就是孩子!

第三节课和严严爸爸沟通了一下,他爸爸了解孩子的性格特点,可能是因为小时由爷爷奶奶带大。隔辈人疼孙子是正常的,可以理解,但是认识到问题就不能助长,以免长大了有自己的想法,再加上逆反,就更不好教育了。孩子的脾气不是一天形成的,总会找到它的根源,我们要因势利导,让孩子是非分明,知道哪些该做,哪些不该做!

辰宝被选为"安全监督员",尽职尽责地在楼道监督,自己也不再追跑打闹了。严严一下课就开始检查教室卫生,极负责任。松松和熹熹每到听广播做眼操就开始维持教室秩序,非常尽心。怡然到做眼操时就主动到前面带操,动作认真。宁凯每天到校就洗好擦布擦铁柜。顺然看同学们吃完饭就戴上手套去倒垃圾。每节课间,许多孩子就看课表准备好下节课的用具。课上,多数孩子已经能瞪起小眼睛,竖起小耳朵认真听讲……习惯就在一点一滴中逐渐形成。

孩子们越来越好了!

　　做老师多不容易啊,看着这一桩桩"小事情",其实在孩子们幼小的心灵里,每一件都是大事啊。老师正确的引导,耐心的教育,由衷的夸奖,是每一个孩子成长的最好礼物!做家长的,每天面对的只是一个孩子,但要仔细地把每天发生的事情记录下来都很难做到。老师每天面对42个孩子,却做到了,真值得我们学习。我们在字里行间读到了老师宝贵的教育经验和对孩子的一片爱心,以及对工作的责任感!谢谢老师,您辛苦了!

——芮彤妈妈

孩子的心结

2012 年 9 月 20 日　星期四　多云

早上，正边带孩子们早读，边收孩子的接种本，检查孩子通知上回复的接种情况。书记来到教室门口说："有个孩子哭呢，是不是你们班的？出去看看。"我来到门厅，淇淇正在那留恋地看着大门口说："妈妈在门口，让我出去，就今天一天行吗？"看着孩子可怜的样子真有些心软，可是真不能开这个口子，有第一次，就有第二次，无缘无故不上学不能开先例。我准备劝她进教室。可是这孩子挺倔，跪在地上，哈着腰就是不起来。我说："今天学是一定要上的，放学妈妈来接你。"孩子看到我态度坚决就乖乖地跟我回到教室，之后我尽量淡化这件事，主要怕其他孩子的情绪受到传染。

事后我仔细想想，淇淇肯定有原因。上操的时候找淇淇聊了一下，发现她喜欢万老师，喜欢上课，喜欢同学。"那你觉得你在学校有什么不开心的？""我怕上武术课压腿。"原来，哪天学校有武术训练她哪天就不想来学校。

找到孩子的心结了，怎样打开心结，是我下面要想的问题。中午吃完饭，淇淇到我跟前表示亲近，我将她揽在怀中，和颜悦色地跟她聊妈妈、爸爸，问她："爱妈妈吗？那你每天哭着进校门，妈妈多担心呀！妈妈一天的工作都会受影响，你牵动着妈妈的心，也牵动老师的心呢，你快乐了，老师和妈妈也就快乐了！"说着，她亲昵地抱了抱我，我说："从今以后高高兴兴上学好不好？"她用力地点点头。我说："我们拉钩吧。"她补充一句："还要盖印章。"我说："对！像成人签合同一样。"我们俩煞有介事地拉了拉钩。她又问我："老师是不是管理班时间我们就得上武术？"我说："对呀，可是你怕压腿怎么办呀？"我故意表现得很为难。"我不怕了。""真的？"她使劲点点头，乐得小豁牙子都露出来了。就这样帮宝贝解开了心结，看明天吧！

现在我最大的心结就是孩子们总是告状，总是盯着同学的缺点，没有一个孩子到我面前表扬同学，发现身边美好的事物。看不到别人的优点，就没办法取长补短。所以，我准备召开一次班会——"夸夸我的好同学"。从明天开始,引导孩子们发现同学的优点,到身边夸夸他,看有没有效果。

  孩子有孩子的苦恼,有些比天都大。我小时候最怕吃午饭,吃不了的馒头总是偷偷藏兜里。

——景晨爸爸

  看到万老师说准备召开"夸夸我的好同学"班会,赞!赞!赞!好孩子是夸出来的。在夸赞中,缺点也能慢慢变成优点。我家凯凯不太会说话,表达不是太好。要是他在您面前清楚表达的时候,还请您多夸夸他哟。谢啦!

——凯萱妈妈

闲话三题

2012年9月20日　星期四　

想说的话太多，今天就分了三个题，闲话一下。

一、专注

"专注"一词对于孩子来说很抽象，对于家长来说不好把握——孩子在家玩玩具挺专注的呀，孩子看电视叫他都不理……对于老师来说很纠结，不可能每节课都像动画片似的，总有新鲜的刺激。当然，我们在极力丰富教学形式，让孩子喜欢我们的课堂。

换个角度想，一些孩子缺乏专注的原因，我认为有这样几点。

原因一：我们平时工作忙，回到家有精力的和孩子玩一会儿，没精力的恨不得孩子别来烦我才好呢，孩子一般都沉浸在自己的小世界里，有时就会把这种状态带入课堂，老师在上面讲课，孩子在下面小脑袋瓜里就开始演上电影了——要么发呆，要么手里就玩上铅笔橡皮尺子组合成的"玩具"了，老师讲什么，全没听见。造成这些问题的原因，一个是孩子的年龄特点——注意力集中时间短，而另一个不能排除的原因是，我们与孩子之间缺乏必要的交流、有思考的交流。有话题，才能促使孩子进行有思考的交流，尤其是眼神对眼神的这种有话题的交流。例如：吃完饭，坐在沙发上，妈妈先给儿子讲讲今天看到、听到的一些很有意思的事，抛砖引玉，带动儿子也讲讲自己身边发生的趣事，家长能从这种交流中读懂很多东西。老师课上太需要与孩子的眼神互动了，"听懂了""没明白""认可了""模棱两可"都是给老师传递的信息，老师要从眼神中分辨谁可能没有明白，需要再给一次机会说说；或者大家都会了，这个内容可以过去了。

原因二：孩子衣食无忧，缺乏学习目标。我们已经极大限度地满足了孩子的需求，在没有需求的情况下，他就没有了奋斗的目标。缺乏动力的学习，对于一些孩子来说，是很难提起兴趣的。专注是孩子做事时必不可少的一种能力，发现了孩子在这方面的不足，我们就要慢慢去对孩子的专注力加以培养，不要去指责孩子，要把对孩子的教育化于无形，以我们成人做事的方式来感染孩子，带动孩子。

由"专注"还会引发出第二个问题。

二、令行禁止

一节课只有40分钟，当老师一个要求提出，有些小朋友不能马上反应，甚至一节课需要提醒多次，至少要浪费一分钟。为了不影响孩子对知识的掌握，老师要用眼神、暗示等方式不断提醒，影响课堂效率先放一边，孩子能否养成好习惯是最重要的。究其原因，现在都是一个孩子，就拿最简单的吃饭为例："宝贝吃饭了"，一遍没动静；"宝贝吃饭了"，两遍没动静；不再叫第三遍，直接把饭放到孩子手边，甚至喂了起来。孩子不用听要求，目的同样可以达到。但是，久而久之，坏习惯形成了。父母工作都很忙没有时间带孩子，有的是靠阿姨带，有的是靠老人带。老人对于我们这一代有教育的责任，但带孙子的时候更多的是隔辈疼，是享受天伦之乐，教育的责任相对要轻很多。不要去埋怨老人，他们太不容易了，我们自己要更上心。阿姨带孩子更是只求孩子不磕不碰，但如果我们跟阿姨沟通好，相信她们也会极力配合我们。从现在起，对孩子的要求只提一遍，孩子没有按要求做，就不要去满足他，让他知道后果。

三、你们家没有秘密

有人说，如果你的事情不想让人知道请不要对女人说，也不要对孩子说。这只是个玩笑。不过现在彼此熟悉了，孩子有事没事就会开始和我聊天，辰宝的爸爸、际平的爸爸出差去哪了；我们家里新添了什么家具；我最近有了什么新礼物……和孩子聊天是最快乐的一件事，那么单纯，你的忧愁和烦恼都会在这时溜走。多和我们的宝贝聊聊吧，这种幸福是过时不候的！

难得万老师的用心与坚持！刚登陆您的博客，感慨颇多。这一切都是"真诚与爱心"的支撑！这一天天、一篇篇的"点点滴滴"必将汇聚成动人的爱河！

——网友

这个苹果怎么吃

         2012 年 10 月 9 日 星期二 晴

  今天午饭的菜是宫保鸡丁、虾仁芥蓝，水果是苹果。我吃完午饭从餐厅回到教室，大部分孩子已经吃完，放下餐盘看书了。天畅、皓严、雨濛、顺然、韦翔、禹华端着饭盘跑过来，有的说，老师我不吃宫保鸡丁，有一点点辣；有的说，我不吃虾仁；有的说，我咬不动菜。

  看着孩子几乎一口未动的餐盘有点担心，下午还有半天课呢，哪能一口不吃呀！问了几个吃完饭的同学："宫保鸡丁辣吗？"他们纷纷摇头。我尝了一口，其实里面的是菜椒，有一点作为点缀的味道，孩子可能真的吃不惯。我说："那把辣椒剩下吧，其余的要吃掉。"有的同学回到座位安静地吃起来，有的坚持要倒饭。看着他们漫不经心的样子，我耐心地对孩子们说："从我们的身体角度考虑，不吃午饭会影响我们的身体发育。再说，每种菜有每种菜的营养，不能挑食。粮食和菜都是农民伯伯辛辛苦苦种出来的，食堂的叔叔又花费很多心思为你们做出来，老师提着用勺子为你们盛到盘子里，你们一口不吃就都倒进垃圾桶里，也太不尊重别人的付出了！如果你不喜欢吃的可以对盛饭的老师说少盛一些，但是不能剩饭、倒饭，太浪费粮食了！"说完，这几个人才慢吞吞地走回座位接着吃。

  午饭完毕，吃苹果。这时有几个小朋友拿着苹果跑过来："老师，这个苹果怎么吃呀？"我有点奇怪，反问："怎么吃？你想怎么吃？"孩子们七嘴八舌地说："我想切开吃""我想用牙签扎着吃""每次妈妈给我的是削好皮、切成块的，这个怎么吃呀"……孩子们话，让我隐隐担心。

  我们精心的照顾，把孩子最基本的吃苹果能力给照顾没了，大苹果放在面前张不开嘴，不知如何吃到肚里，有的宁可不吃了。说到这里，我想起自己的女儿换牙时，有一颗新牙已经长出来了，可是乳牙就是不掉，没办法，只好带她到儿研所拔掉。医生说，这就是因为孩子缺乏咬合锻炼，苹果、桃子切着吃，玉米剥粒吃，这些都不好。就应该让孩子自己啃着吃。如果牙长时间得不到锻炼的话，对牙齿的生长不好。所以，该让孩子锻炼的，我们都不能替代。

田老师曾经给我讲过一个故事，有一次吃油焖虾，10班的一个小朋友说："这是什么？怎么吃呀？"老师说："这是虾呀，你吃过虾吗？""虾我吃过，可不是长这样。这个怎么吃呀？""剥着吃呀！""不会剥，我不吃了，我不吃了！"后来经过了解才知道，孩子真的没有见过整虾，每次都是长辈剥好后放到孩子盘里的。不知是爱孩子，还是害孩子！我们剥夺了孩子的认知权利，剥夺了孩子的劳动权利，使孩子变得连最简单的吃饭都成了难事。放放手吧！毕竟我们不能跟孩子一辈子，当我们不再陪伴他们的时候，他们该怎么办？当我们动不了需要孩子照顾的时候，他们能担当起来吗？从现在起，我们该一点一滴地教孩子，把好习惯和能力传承下去。将自己的"爱"再审视一下，然后开始行动吧！

博客回应

万老师，看了您的文章我感到惭愧。今天中午的苹果，泊然是啃剩了一半，放在饭盆里带回家的。问他，他说："我努力了半天，实在啃不动了，扔了可惜，还是你吃吧。"唉，孩子从小不爱吃苹果，每次为了让他吃，就削好了切成块与别的水果混合在一起用叉子吃。的确，这样对牙齿的生长不利，对孩子的生存能力的培养也有弊端啊，自责了。您说得太对了，我们过于精心的照顾，让孩子失去了很多自己面对问题、解决问题的机会和能力。"00后"的孩子们真的很少有机会理解生存的困难和压力，很多需求太容易得到满足了。如果有机会，建议不妨组织一些生存体验或者解决生活中的难题等活动，让孩子们有机会自己应对问题，找到解决方法，了解如何独立面对生活中的一些平常事。当然，家庭中的一些观念和方法也需要适当改变了，孩子迟早要离开我们自己生存的，我们得逐步创造机会，并给他们足够的时间和空间去学习如何能够独立生活。谢谢您，您点醒了我。

——泊然妈妈

"猴子成佛"记

2012 年 11 月 10 日　星期六　雨

情景描述

　　镜头一：刚刚入学的一年级新生，一手拿着化验单，一手拿着抽血用的试管排队等待体检。这时听到"啪"的一声，我不禁扭头一看，一个试管被狠狠地扔到墙角，同时被撕碎的化验单像雪花一样在头顶飞舞。一个不耐烦的声音从队伍中传来："我不抽血，我不打针，我就不打针！"

　　镜头二：第四节下课的铃声已经响起，同学们从形体教室陆续回班，午餐开始了。看着那张空空的座位，我焦急地等待着"小猴子"。20 分钟后，主任领着他回来了。原来，上形体课时他和同学打闹，老师批评他几句，谁知他上手就打老师，然后坐在地上打滚不起来。幸亏主任巡楼赶到，才把他劝回来。

　　镜头三：我正在批改同学们的作业，一个孩子跑得上气不接下气地过来说："老师，他又在教室里大哭大叫呢！"我知道，"小猴子"又开始发威了。原来，这节美术课用彩笔画画，他一打开水彩笔盒，发现少了两支，于是一边大哭，一边在教室里从前爬到后地寻找起来。

　　镜头四：语文课上了十分钟，还不见"小猴子"的身影，老师派出两批同学寻找，依然杳无音讯。正在这时，他灰头土脸地跑了回来。老师刚说了他两句，他拎起书包就走。我正在对口班上课，围棋老师见状，帮我把他带到围棋教室，等待下课处理。谁知他刚进围棋教室，就把教室的门插上，把棋子像天女散花一样抛打，打在玻璃上、门上、墙上，"噼啪"之声不绝于耳，俨然"孙悟空大闹天宫"一般。

　　……

　　刚刚入学半个月，这个"小猴子"几乎一天一个故事，大家都担心，这个孩子还能上学吗？正常的教学没有办法完成，真令人着急。在这种情况下，我只好请来妈妈、爸爸了解情况。

分　析

　　通过谈话，了解到孩子的父母都是高级知识分子，孩子的出生为他们平添了很多的乐趣。但也因为教育孩子，夫妻两个分歧很大。后来索性，父亲就不管了，全由妈妈负责，为此，妈妈辞了工作，全心投入。妈妈看了大量教育孩子的书，一切从孩子出发，从孩子懂事起，只要犯了错误，都让孩子自己静下来反省，妈妈不厌其烦地讲道理，直到孩子认识到自己的错误，有时会用一天，有时要一个星期。

　　孩子上幼儿园后，由于攻击性很强，经常打伤同学。每到这时，老师都要请家长来协助处理，孩子养成了习惯，不管怎样，只要惹事，就由妈妈出面摆平。因为这个孩子，幼儿园还辞退了一位老师。听到这里，我决定在学校不管发生什么事，都要慎重找家长，不给他这种机会，要让孩子学会自己承担责任。

　　我将这段时间孩子在学校发生的事和妈妈讲了一遍，妈妈充满怀疑地说："这不可能，太意外了，他一直都不这样的。"我说："可惜，这确实发生了，我们应当面对事实。您的教育没有错，但每种教育方法都不是完美无缺的。现在孩子的个性得到充分的张扬，以至于无法融入集体，过正常的集体生活，您想他以后会多孤独。同学们看他那个样子，都不愿和他交朋友；他在工作中发脾气，撂挑子，他的上司不会像您一样包容他，他会失去工作。我们不要只看到眼前，让孩子别受委屈，我们更要为孩子的将来着想，为孩子的长远考虑。相信您也读了不少书，我给您推荐一本《优秀是训练出来的》。"

　　从和妈妈的谈话来分析，妈妈对孩子溺爱有加。想从这里突破不太容易，我又联系了孩子的爸爸。

　　一天放学后，爸爸如约赶到学校。当我送学生离校后回到教室，看到爸爸正在教室低头沉思，见我进来，这位爸爸沉重地说："老师，我太伤心了，您知道吗，我刚才在校门口等您的时候，听到家长们议论，这次一年级分班，多亏没有和××分在一个班，否则怎么上课，在幼儿园就没有一天不惹事的，家长也不管。"……这位爸爸当时无奈地走上前说："对不起，我就是××的爸爸，以后我会严加管教。"

看到一个大男人流下伤心的热泪，我的心难以平静。我把孩子的情况和他谈完，把妈妈的看法转达，这位爸爸说："我知道这些事迟早要发生。纵容，太纵容。"我说："我希望您把今天听到的议论和孩子的妈妈讲一讲。然后，您和他妈妈统一教育孩子的思想，管理要一致。"后来，爸爸决定将他们母子暂时隔离，让妈妈去香港度假一个星期，思考教育孩子的方法，爸爸试着带孩子。因为孩子太依恋妈妈了，这次也算给他一个教训。说好一个星期不给孩子打电话，但是我会每天把孩子的表现以短信的形式发给妈妈。就这样，孩子开始了短暂的"单亲生活"。

解决措施

和家长商量之后我也开始静下心来观察他。慢慢地，我发现，他特别需要大家的关注。于是从早晨开始，我只要发现他有一点点优点，比如上课专心地听了两分钟，就立刻表扬他。让全班看他的表现，看他的进步。他开始很惊讶，随即立刻坐得笔直，能坚持五分钟了，快要坚持不住的时候，我又一次表扬他："看他！能坚持五分钟认真听讲，现在他是擂主，谁能超过他？"果然，他能坚持坐一节课，不到教室外面溜达。就这样，我一点一点帮他树立了信心，用鼓励约束了他的行为。于是我说情，用我的电话和妈妈通了一次话，把这个喜讯告诉妈妈。我成了他的救星，他开始成了我的小尾巴，一刻不停地跟着我。我开始担起妈妈的责任，他也把对妈妈的思念转嫁到我身上。我因势利导，上科任课之前，我和任课老师说，我们班有一个"小猴子"，并把他的情况简单介绍一下，让老师做好准备，多表扬他，为他树立形象，让他感受到每个老师都在关注他。下课后我都会找他谈："你看每个老师都特别喜欢你，非常地爱你，想想上次打老师对吗？什么时候跟老师赔礼道歉呀？""老师给你讲一个《山谷回声》的故事吧……故事讲完了，你有什么想跟老师说的？"通过这些让孩子感受到：尊重是相互的，当你尊重别人的时候，也会赢得别人的尊重。"小猴子"的妈妈回北京后，刚下飞机就赶了过来。

我当着妈妈的面好好地表扬了他。看着他一脸的自豪，我真担心他会骄傲。

还真被我猜对了。同一天发生了两件事：一年级汇操表演，同学们都到场了，却怎么都找不见"小猴子"和他的两个追随者。我焦急地四处寻找，这时传达室的李老师说："刚才还在地动仪那，怎么劝都不回去，你去看看吧！"我赶紧赶过去，三个人正在边高谈阔论，边用彩笔给地动仪进行彩绘。见到我，三个人蔫蔫地回到队伍中。我还没来得及处理此事，上科任课时，他又溜号了，不只是他，他又带走了三个人，不知跑到了哪里。我就坐在教室里等他们回来，他看到我，低下头，怎么问也不吭声。我说："我不批评你，我只想知道你去哪了。我特别想你，我也担心你受伤。再说，刚才老师有一件事想请你帮忙，我的粉笔用完了，想请你帮我去领一下，结果没找到你，我只好自己去了，耽误了我给同学们批改作业的时间。你看，你在老师和同学心目中多重要。"孩子听了我的诉说，没有了敌意，懊悔地说："实在对不起老师，我看见咱们楼的东边有一个池子，里面有好多的虫子，我想看它们住在哪，可它们总也不回家，所以回来晚了。"原来是好奇害死猫呀！说到这里，我又问："那你原来逃课，也是在这看虫子吗？"他说："不是，这个学校太大了，我想看看都有什么。"听到这里，我太自责了，是我的失误呀！孩子的想法如此简单，可是粗心的我连这个都没有想到。是孩子教育了我，什么叫"以人为本，关注孩子的需求"。于是利用午休的时间，我带孩子满校园转了转，给他们做了一次导游，还带他们到大型玩具那玩一玩。从那以后，他不再逃课了。

一波未平，一波又起。课间，告他状的人在成倍递增，我真的感觉到什么是心力交瘁。我开始一下课就站在教室门口，看看他到底在干什么。他开始看楼道里哪个蓝铁柜的门是打开的，在同学走过来时，突然打开，结果人家受伤了。有几个"追随者"就开始效仿。看到他精力充沛的样子，我知道了，他的能量太丰富，需要释放。我于是和他妈妈商量，放学后，让他找个地方跑跑，释放一下体内储存的能量。同时，我发现他的号召力还挺大。于是，我组建了一个小组，他任组长，小组的成员都是他的追随者。我先给这几个孩子开会：看操场上上体育课的那个班，第一排第二个叫什么？你们认识吗？虽然我也不认识，但我知道他们是一（3）班的，看一（3）班同学多精神。同样，在这个教室里，我知道你们每个人的名字，可是出了这个教室，谁也不认识你们，但每个人都知道，你们是一（9）班的同学。你们的好与坏，代表了一（9）班，是给咱班争光还是抹黑，我想听听你们这群小男子汉的。

孩子们异口同声："争光！""怎样争光？说一说。你们的话就是咱们班的行为规范，回去好好想一想。组长起监督作用，想想怎样当好组长。同时，你们每天要为班级办两件好事，包括擦黑板、摆桌椅、提醒同学轻声慢步靠右行。"

这下"小猴子"有了事做，果然好了很多。我适时地表扬他们，慢慢地转变他们在同学们心目中的形象。新学期开始，竞选纪律班长，"小猴子"竟然力挫群雄，票数排在第二位，当选纪律副班长。他不仅约束自己，还处处维护我，维护班级："老师的嗓子哑了，你们安静点，听老师说话。""别在楼道跑了，小心扣咱们班的分。"……

我终于看到，"小猴子"成"佛"了。

反 思

1. 对孩子的教育，不是方法越多越好，而是适合最好。

2. 每一阶段都要帮孩子"塑形"，不能等孩子"肥胖"之后再去"减肥"，否则难度可想而知。

3. 当孩子出现问题的时候，不要急躁，要了解孩子"淘气"背后隐藏的问题，帮助孩子疏通、化解，让孩子的成长畅通无阻。

在万老师眼里，一只只"小猴子"也是那么可爱、生动。这源于对孩子的爱，希望我们班的"小猴子"们早日成"佛"。

——网友

让孩子认识"对"与"错"

2012 年 11 月 20 日　星期二　晴

辰宝的变化让人惊喜。这两天,他不仅不带着同学满楼道跑、打闹,还能做到一下课就帮老师擦黑板、发作业、整理教室前面的用品,俨然变了一个人。值日的时候特别用心,把地擦了又擦。这种变化从上周开始的,在这之前,我们曾经进行了几次这样的谈话。

我: 你的小分队都有谁呀?

辰宝: 顺然、伯缘、禹华,有时有小乐。

我: 你的队伍还真不小。你们小分队都干些什么?

辰宝: 他们都问我什么时候和严严对抗。

我: 为什么要针对他呢?

辰宝: 他老是打我们。

我: 你觉得这件事做得对吗?

辰宝沉默。

我: 我们这里可不是武林,你打我,我打你,不仅你们自己会受到误伤,而且还会给其他同学带来安全隐患。这是不好的行为,是错事。严严那边老师会去和他谈。你准备怎样做?

辰宝: 那什么叫做好事?

我: 为班级服务、为同学服务,比如下课擦擦黑板,检查一下教室的卫生,帮助同学捡掉在地面的用具。帮助别人,收获快乐,这都是好事!

我: 你为什么总喜欢带着路队跑呀?

辰宝: 他们走得太慢,我想跑快点,我喜欢跑。

我: 体育课上跑快点,运动会上跑快点,还为班级争光呢,这是好事。

可是在路队中跑，会冲撞到前面的同学，带来安全隐患，是错事。路队需要同学们正常地走路，这才是对的。

辰宝：那我平时想跑怎么办？

我：如果你先很好地完成作业，我可以允许你到操场上跑两圈，或者放学回家先绕着小区跑两圈，可以吗？

一年级孩子往往不知道自己做的事情是对还是错，老师批评他，他还一头雾水。这时，就需要老师耐心地给孩子讲解哪些是错事，为什么错，可以怎样改正。看到辰宝的改变，真的让人欣慰。

昨天下午，我带着小组长们为我们的玩具贴了组号，孩子们玩完玩具就不会乱扔了。开始霁扬、思薇、慧羽还不太适应，整理的时候总是落在后面，可能平时干的比较少，但慢慢地就能跟着老师的步子有条理地做事了。慢慢训练，我们的孩子会越来越能干。

我们的各项活动在有条不紊地开展着，希望孩子们在参与活动的同时别忽视学习，尤其要配合田老师把语文抓牢。数学有预习作业，预习时家长要带着孩子把书读一读，尤其是题目要求。一年级孩子认字少，可以把不认识的生字注上音，每天读读。这一点浩然同学就做得非常好，在爸爸的帮助下，数学书上注满了拼音，孩子的识字量上来了，能够准确地理解题意，学习进步非常大。我们只有做好孩子的帮手，帮他们把基础打牢，孩子到后面的学习才会轻松。

博客回应

> 感谢万老师！辰宝一点一滴的进步，都与您的爱心、耐心以及丰富的教学经验是分不开的。我们真为孩子感到庆幸，能遇到您这样的老师是幸运的，幸福的，我和他爸爸由衷地感谢您，同时也会积极配合您做好家里的工作。
>
> ——宝妈

细化要求

2012 年 11 月 21 日　星期三　晴

也许，我们每天早上在下车前都会嘱咐孩子一句：上课认真听讲啊！但认真听讲对于孩子来说比较抽象。什么叫认真听讲？我们要把要求细化：上课时，眼睛看黑板，耳朵听老师讲课，听同学发言，大脑要思考老师提出的问题。这样一来，孩子明白了，哦，这就叫认真听讲。

再比如，值日。"同学们把值日做干净。"什么叫干净？扫地的同学，要从后往前把同学的脚下、过道都扫得没有一片纸屑，擦地的同学用擦布从后往前，前擦三下、后擦三下、左面三下、右面三下，整个教室都擦干净，一尘不染。又如，写作业时要认真。何为认真？把题目读两遍，找出重点词，也就是我们说的题眼，画一画，理解是什么意思，找一找其中的联系，再用老师教的方法（或运用学过的知识）认真、细致地解答。

一年级的孩子就是在我们一步一步地扶持下走过来的，许多事对我们来说很容易理解，但是对孩子来说太抽象了。我们要一点一点分步教给他们，把要求提细。

生活中也是如此，也许我们通过一个经典的高度概括的词就能理解事情整个的意思，但是对孩子来说不行。比如，预习。这两天孩子预习的程度参差不齐，有的孩子看一遍书上的画；有的孩子把书要求预习的部分整个读一遍，标画出不认识的字，注上拼音，再读读；有的同学不仅读一遍，还自己试着做了分析，课上把自己不理解的提示给老师做重点讲解。我们可以看出，孩子下的功夫不同，所取得的效果自然不同。

今天表现特别突出的有顺然、子孟同学，老师提出要求立刻反应，有时还能当同学们的小榜样，进步明显。辰宝的好习惯已经保持三天了，再接再厉！

昨天，为了满足子孟同学想学篮球的愿望，我带子孟去见篮球教练，我们两人边聊边走。子孟说："我们在哪练呀？"我说："在操场上。"子孟说："为什么往这里走（在三号楼和四号楼的中间过道处是体育办公室）？"我说："去见一下篮球教练呀。"请大家仔细看下面的对话。

只听子孟嘟囔了一句："性别。"我没有想到他要问什么，回问了一句："什么？""性别。"哦，他在问篮球教练的性别。我说："性别，男。""贵姓？""胡。"他点点头："了解了。"有文化吧！

早上，韦翔为孩子们讲述了"百变魔尺"，很吸引孩子们。下周我们就要开展"我是三小小主人"的演讲，希望孩子们早做准备，到芮彤处报名。期待孩子们的精彩讲解！

博客回应

真是个细心的老师！这么说来，我们平时给孩子的要求还真是有些空泛，什么"认真听讲""听话""有个好习惯"等等，孩子还真是不知道怎样做起，这样说来，我们应该把怎样做一步一步教给孩子，我们的目的才能真正达到！谢谢老师的分享。

——10班某家长

透 视

2012 年 12 月 2 日　星期日　多云

　　周五第四节课，班里发生了这样一件事：小 A 正把一个女孩堵在教室的门口，气势汹汹，口口声声地要打人。我把他拉到身边问怎么回事，他总在强调一点：她们招我。我问："她们什么行为，或怎样的做法叫招你？""他们看我，笑我。"这时，周围围了一些男同学，他觉得自己没有颜面，上来拉住一位男同学就打。我推着他回到自己的座位对他说："先冷静一下。"不识趣的孩子们纷纷告状："他打过我""他也打过我"。面对孩子们的纷纷指责，小 A 就开始对着大家吐舌头，吼着："你们都招我。"随即想冲出去打每一个告状的同学，但被我按在座位上。继而他将怒气撒在自己的书上，把手里能触及的书撕得粉碎，扔在相邻同学的身上。可想而知，孩子的心里有多么的疯狂！他还扬言：你们再惹我，我就把手插进你们的细胞。

　　为了不让同学们再激怒他，我对大家说："虽然小 A 现在这样，但是他有很多优点，现在就想他的优点。"孩子们很懂事地开始找他的优点：他带来图书给大家看，帮助班级关窗子，帮班级擦黑板……我顺势引导孩子们："小 A 有很多问题，但是他也有很多值得我们学习的优点。我们每一个人都不是完人，都是优点与缺点并存的。我们看到他的问题，就要像朋友一样，帮助他改正，而不是一味地指责，将矛盾激化。这不是我们想要的。"学生们渐渐安静下来。为了不让孩子们把小 A 的行为散播出去，伤害小 A 的自尊心，我对大家说："这是我们班的秘密，我们自己朋友的问题，就不要对外人讲了，给朋友一点时间，让他改正，我们可以多说说朋友的优点，好吗？"

　　孩子们准备上品德课，还有一节课就吃饭放学了，为了不让孩子在情绪不稳定的时候吃饭影响健康，我让小 A 收拾好书包，先由他妈妈带走，并告知回去先不处理这件事，让他自己冷静下来，周六再和他谈。

　　周末，与小 A 的妈妈电话沟通。孩子入学前就有这种疯狂的举动，小的时候爱打架，经常由成人"围一条警戒线"看护着，可是上学没有人会这样做。

我们应该透过这种现象看孩子的学前教育，同时透视孩子的内心。小A很敏感，每当有几个同学在一起小声交流的时候，他就会冲过去说："你们又在说我！"其实，没有人会不停地关注他。每当他没有专心听讲或者没有按时完成作业被老师点名时，同学看他一眼，他会上去掐一下同学说："你嘲笑我！"他和同学聊天的话题较少，基本上都是：我们家有××，明天给你带过来玩。他的精神经常处于紧张状态，把任何人都当成自己的假想敌。他有时无法控制情绪，很多同学以对抗他为乐趣。孩子很累，家长也很累。

怎样让孩子的内心透进一点阳光？没事让孩子听一些比较舒缓的音乐，如《仙境》《致爱丽丝》《秋日私语》等。不要盯着孩子的问题不放，否则会强化这种错误的意识，让孩子总处在紧张的情绪之中。多发现孩子的优点，表示信任他，慢慢地让这些优点占据他的内心，淡化他的缺点。不要威胁孩子，孩子犯错要教他怎样做是对的。和孩子坐在一起读读书，随时给他甜蜜的微笑，让他有安全感。

这样的孩子我遇到过不止一个。从心里很可怜这些孩子，也同情这些家庭，尤其是孩子的妈妈。任何一位妈妈都希望自己的孩子身体健康，心理健康，快乐、向上地成长。可是孩子有问题，无论是身体的还是心理的，对妈妈来说，对一个家庭来说，都是一种苦恼。作为生活在同一个集体中的人，我们都要奉献一些爱心给他，不要让自己的孩子远离他。让我们用爱心感化他。这也是我发这篇博客的初衷。希望每位妈妈对自己的孩子说一句：让小A成为你的朋友好吗？切勿说：像这样的孩子离他远点，省得让他打你。相信我们的家长都是有爱心的。让我们和小A妈妈共同努力吧！

从下周开始，我会伴随"我是三小小主人"活动间或开展"夸夸我的好同学"活动，让大家互相学习优点，帮助同学改掉问题，使我们的班级有一种"比做人、比学习、比能力"，始终向上的劲头。

周五本来到医院去做了个小手术，想回家休息一下，却接到万老

师的电话,当时心里咯噔一下,这两周小 A 表现还好,没有被老师留下,而且在万老师的博客中也没有看到他发生什么事,本想着他一点点在改正错误,没想到却犯了个大错误。在这里,我向被孩子欺负过的小朋友及家长说声"对不起"。可能这几周对他太严厉了,每天的话题都是"你要怎么怎么做",给他的鼓励却少之又少。

  小 A 小时就爱动,坐不住,他的手总是不老实地碰别人,我们每天都在提醒他,但他一高兴就不管不顾的,有时我们也很无奈。其实他也想融入这个新的集体,一天,他看着幼儿园的毕业照,对我说:"妈妈,我想幼儿园的小朋友和老师,上小学一点都不好玩!"我说:"对啊,其他小朋友也想你,他们还要他们的妈妈给我打电话问放假的时候能不能回东边,大家约在一起玩。但是九九(他的小名),现在你在一(9)班有更多的朋友了,而且上小学一定不会像上幼儿园一样,在这里你要学知识,要去学会遵守纪律,再也不能像上幼儿园时一样乱跑、乱闹了!"

  记得我们刚搬来的时候,这里的小朋友他都不熟,我就带着他下楼去交朋友,并组织他们一起玩。他开始时不适应,但渐渐地,他结交了好几个小朋友。天气转冷了,我就叫他约上小朋友到家里玩,看着他们一起快乐地玩玩具,我感觉这才是他们真正的童年,快乐、无忧无虑!有时他回来晚了,楼下的小朋友会用传呼问他几点回家,待会儿等着他回来一起玩。在院里碰到小朋友,他们就会问:"小 A 在家吗?"而且在院里他也没有打过小朋友。但有一点,就是他特别要强,他不喜欢别的小朋友去告他的状,他感觉那样特没面子。我会对他说:"小朋友把你的问题告诉老师,是想让老师帮你改正错误,其实他们的初衷是好的,一定要正确对待这件事情。"有时感觉做父母真难,因为你要走入孩子的内心去教育他,正确地引导他健康地成长。所以希望咱们班能多办一些集体活动,让孩子们能在身心放松的基础上,从别的角度去了解其他小朋友,让他们在这六年里快乐成长。这里,谢谢万老师辛苦地工作。我也想跟其他家长多沟通,帮助小 A 成长,谢谢!

——小 A 妈妈

夸夸我的好同学

2012 年 12 月 5 日　星期三　晴

　　今天梓嘉同学为我们做了"我是三小小主人"的展示,讲了"美丽的校园",用自己的小巧手绘制了一幅美丽的画卷,配以优美的文字,讲得活灵活现。

　　为了培养孩子们用欣赏的眼光去观察同学、欣赏同学,我们班开展了"夸夸我的好同学"活动。今天的主人公是:皓严和顺然。

　　同学看到皓严的优点:1. 知识丰富,爱看书;2. 同学之间有矛盾会去安慰弱者;3. 爱为班级服务,擦黑板;4. 会把自己的物品借给同学用,很关爱同学。同学提的建议:1. 建议皓严以后遇到问题跟同学说,不动手打同学;2. 建议皓严不和同学追跑打闹;3. 建议皓严宽容一些。

　　顺然的优点:1. 爱帮助、提醒同学;2. 同学掉到地面的物品,他会主动捡起来还给同学;3. 经常帮助班级倒垃圾,不怕脏、不怕累。建议:1. 建议顺然中午吃饭快一些,专心一些,不和同学聊天;2. 建议顺然不和同学追跑打闹;3. 建议顺然上课不随便接话,打断老师讲课。

　　孩子们观察得多仔细,提的建议都非常好。我们要学习别人的长处,改掉自己的缺点。

博客回应

　　非常感谢万老师!孩子们在学校不但学到了文化知识,还具备了做人的基本品质,学会了多看其他同学的优点,并能省视到自己的缺点。孩子们的包容心和爱心就是要从小一点一点地培养。万老师的智慧让孩子们更加全面地成长起来!

——新浪网友

"好玩儿"

2013 年 3 月 11 日　星期一　晴

　　今夜偏知春气暖，虫声新透绿窗纱。

　　惊蛰过后，自然万物开始苏醒，蛰伏了一冬的孩子们蠢蠢欲动，也要舒舒筋骨。每到这个时候，孩子们便不安分起来。

　　中午吃完饭回班，听分饭老师、同学及当事人描述，得知发生这样一件事：中午吃饭时，孩子们吃炸酱面，一些同学"呼噜呼噜"几下就吃完了，大部分同学开始看自己喜欢的书。一凡看同桌泊然的汤碗比较好看，想看看，没有和泊然打招呼就拿走了，泊然要了回来。一向爱热闹的禹华看见了，也上去抢过来看，泊然再次要了回来。辰宝在自己座位上看到好友禹华的举动也去凑热闹，替朋友出头。泊然被激怒了，一甩手，汤碗正好磕到辰宝头上，辰宝受伤了。

　　处理完辰宝的事回来找一凡和禹华了解情况。问一凡和禹华为什么不经同学同意就去动他的东西，孩子说："好玩儿。"这就是孩子最真实的想法，最原始的初衷。孩子们平时玩得太独了，我们小时候在和哥哥姐姐的游戏中就能了解的一些"规则"，现在的孩子需要我们来给他们讲才能明白。孩子们的交往能力需要在群体中才能培养出来，我们可以适当为孩子创造机会。

　　同时，通过这件事发现我们的教育还不够细致。比如：要经别人同意才能去动别人的物品；自己的行为不妨碍他人；和朋友相处不要轻易动手，伤人伤己，等等。这些细节的地方，往往也是我们最应直接指导孩子的地方，我们共同多关注！我们班男孩子多，个个个性十足，平时多提醒点。也正好结合我们的"经典育人"活动加强教育，让同学们真正成为"文明有礼"的三小人！

  万老师实在太辛苦了！昨天中午陪着孩子到医院，一直陪伴在辰宝身边安抚他，赶回学校后还赶紧处理孩子们的事情。晚上回到家，还不停歇地分别给我们几个家长一一打电话……老师，多希望孩子们能够早日理解您的心思，赶快懂事起来啊！

  昨天跟儿子仔细分析了问题的严重性，孩子认识到了自己的问题。也是我们疏忽了，只想到用有一个活动把手的不锈钢小圆汤盒盛汤会比较方便，好拿，没想到由于它的与众不同，引来了孩子们的好奇心，最终酿成一场风波。昨晚上趁着超市关门前，我们给他买了一个大一点的圆形汤碗。希望他能够以这个汤碗为戒，随时提醒着他克制着自己的情绪，处理问题时多用用脑子，什么时候都不要以伤害别人的方式来解决问题。

  万老师，真的对不起，孩子给您添麻烦了！

——网友

专时专用

2013年5月14日　星期二　晴

　　学习，应该效率、质量并重，在规定时间内，按要求完成一定数量的任务。这个道理大家都明白，但真正要做到，并不是一件容易的事。同学们要记住，一旦你坐到书桌前，就应该进入适度紧张的学习状态，每次学习之后，要评价自己做得如何。必要时需要老师及家长的督促，但坚持下去，就能形成专时专用的好习惯，做到该学时学，该玩时玩。有些同学，平时看书、写作业，心不在焉，算算时间花费不少，效率却不高。究其原因，就是没有形成专时专用、讲求效益的习惯。

　　每天吃饭时，有的同学边吃饭边看书，收餐盘了，赶紧往嘴里扒拉；做眼睛保健操的时候，大家做眼操保护眼睛，有的同学赶紧写作业（别人写作业时，他在发呆）；大家做作业时，有的同学开始找铅笔，找尺子，四处借橡皮；下课时，有的同学跟同学追着玩，没有收拾学具，上课找不到东西，等等。这些现象就发生在我们身边，专时专用的习惯亟待培养。今天中午，小乐和禹华，子孟和睿阳边吃饭边玩，大家都收盘了，禹华还在慢慢吃，影响了中午活动。这段时间重点培养孩子专时专用的习惯，希望家庭配合。

　　我们整个年级的"预备队员"章到了，今天早上我的小助手们——恺琪、安琦、禹华、宁凯、佳熹将这些章按相应数目，分发到各班，很能干。之后际平、润松做了假期活动介绍。

　　今天下发了《大家》第二期，有泊然妈妈和芮彤妈妈的文章，大家可以读一读。欢迎投稿！

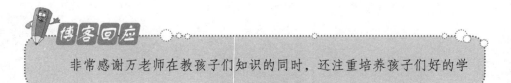

博客回应

　　非常感谢万老师在教孩子们知识的同时，还注重培养孩子们好的学习习惯，我们在家里一定配合好！"什么时间做什么事情"，专时专用，可以帮助我们高效率地利用时间。习惯一旦养成，到了特定的时间，孩子自己就会去做相应的事，就好像形成了一个生物钟。刚刚减负那段时间，孩子早饭吃完，不用急着往学校去。我就想着可以把学校的早读放在家里完成。于是，在阳台上收拾出一个可以看书的角落，摆了几本书、摆了一把藤椅。开始的时候，我陪着她一起念英语、背古诗。大概经过一个月的陪伴，她基本形成了习惯，现在一吃完早饭，自己就会走到阳台上，读起来。很多孩子学校离家远，都在利用路上的时间听广播、听CD，有的同学也在利用吃饭的时间听英语。其实，学习不一定要抽出很长很完整的时间。爸爸妈妈在开始时的陪伴和引导很重要，只要形成习惯，一旦进入那个环境或者到那个时间，孩子自己就会去做那件事了。

——芮彤妈妈

谦让原来如此美好

2013 年 5 月 15 日 星期三 晴

古往今来，谦让的故事很多。古有"孔融让梨""晋文公退避三舍"，今有"毛主席三让军权"，故事有大有小，都告诉我们：退一步海阔天空。谦让可以让事情变得简单。

今天给孩子们判数训的时候，我以五个人为一组进行点评。最后剩下几个同学找我判。然和扬为谁先判，谁排在前面争论不休，差点动起手来。于是，我请他俩先到一旁反思，给其他同学批改完，再回过头来向两个小家伙征求意见："老师先判谁的？"没有人吭声，谁也不愿意谦让。"老师希望能从你们嘴里说出，先给对方判。"扬开口了："先给他判吧。"但我先给扬判了。谦让并不难，只要心里有别人。除了父母、家人，没有人生来就要让着你。如果生活中，我们能主动谦让别人一次，相信别人心里会埋下感恩的种子，下次遇到这种情况也会谦让。谦让会让事情变得简单，如果都斤斤计较，矛盾会不断产生，甚至会升级。

体育课回来，几个同学到我跟前说："老师，我受不了禹华了，他总是惹我。"还有的同学说："老师，辰宝太烦人了。"我当时没有说话。孩子们吃完饭，我给大家拿出一份巧克力，说："老师这有一份巧克力，想给一个同学，你们说我该给谁？泊然说："给表现最好的。"予硕说："给有进步的。"小乐说："给一次错误都没有犯的。"禹华说："我不要。"宇坤说："我也不要。"于是我给大家讲了故事《分羊》，当说到"宰相把最瘦小的羊牵走"时，我问："这是什么行为？"孩子们纷纷说："谦让。""看看我们身边有什么谦让行为？"孩子们纷纷开始说周围谦让的事和人，感受到谦让可以让事情变得简单。

紧接着告诉同学们，禹华刚刚主动不要巧克力的行为其实就是谦让，他有很多优点大家都没有发现，而是紧紧盯着他的问题不放，请大家说说你看到的禹华的优点。"他爱劳动。""他做事专心。""看，他有很多优点。其实我们平时没有多大的事，都是芝麻绿豆大的小事，却被同学天天挂在嘴边。

希望大家会欣赏同学。"

这时,瑶帮怡然摆好桌椅,我说:"怡然快感谢一下瑶。"子孟帮着把饭箱推出去,"谁来夸夸子孟?"宇坤跑过来夸夸子孟:"谢谢子孟帮我们推饭箱。"有同学从外面敲门,禹华赶紧过去帮忙开门。

让同学们看到禹华的优点,不要只把问题放大。学会欣赏别人,你的朋友会越来越多,谁都不喜欢斤斤计较的同学。

附

分 羊

有个皇帝决定要奖赏臣子们每人一只羊,但那些羊有大有小,有肥有瘦,要怎样分配才不至于导致争议呢?皇帝把这个"难题"抛给了手下的臣子。第二天早朝时,百官们各抒己见,向皇帝提出了很多的分羊办法。正当百官争论得脸红耳赤时,宰相默默地来到圈羊的地方,把其中一只最瘦、最小的羊牵走了。于是,大家在互相谦让中很快地就把羊分了下去。

博客回应

> 每个人都不是完人,伟人也是一样。人人都会有犯错的时候,当别人犯错的时候,要想到"我也会犯同样的错误",这样,我们就学会了去理解别人,而不是总抓住别人的错误不放。忍一时风平浪静,退一步海阔天空。理解是相互的,谦让也是相互的。皓严昨天回家跟我说:"妈妈,今天我在班里讲禹华的优点来着。"我说:"我的皓严长大了,学会夸别人了,那以后每天你也夸夸我吧!我也想让别人夸我!"支持万老师"谦让"主题活动,让我们的孩子也具备谦让的美德。
> ——皓严妈妈

华的"华丽转身"

2013 年 5 月 30 日　星期四　晴

情景描述

案例一：课间，我正在教室里批改作业，孩子们一窝蜂地涌进来："老师，华把 A 小鸡鸡给踢了，A 在厕所里都站不起来。"

案例二：体育课下课，孩子们看见我第一句话就是："老师，华和他的小分队把 B 按倒在地，都在踢 B。"

案例三：一天课间，我正从楼道路过，看见华背对着我，拦住迎面走来的戴眼镜的 C，把他眼镜摘下来，顺手一丢，丢进了旁边的蓝铁柜后面。

案例四：一天放学，我被几个家长围住。"老师，华经常打我们孩子，还不让孩子回家告状。威胁说，如果告状就叫人打我们的孩子。他一个人个子小打不过，就组织几个人一起打，谁不和他玩儿，他就叫他小团体的同学打这个人，这么小的孩子就有这些想法，太可怕了。我们能不能联名让这个孩子离开咱们班。要么我们孩子离开这个班。"

……

这个叫华的孩子，是我们班一个小个子男生，平时不显山，不露水。上课回答问题积极主动，作业从不拖沓，没事爱坐在那里画画。谁能想到，这些行为会发生在这样一个孩子身上。

了解成因

孩子是家庭教育和社会教育的一面镜子，他们身上发生的任何问题，追根溯源，都能了解问题的成因。于是，从华出现问题的那一天开始，我就开始观察这个"不起眼"的小男孩。

1. 走近孩子，了解孩子的内心世界。

每天下课，都会有几个同学围在他的左右，一起画画。走近一看，他们画的都是奥特曼和怪兽，还有自己发明设计的各种攻打怪兽的武器。每个人都有分工，有的设计制造武器，有的负责迎战怪兽，有的负责联系同学参战。还真有组织能力！

我开始走近他们，和他们一起聊他们的游戏，了解他们的内心世界。

原来，华是奥特曼迷，喜欢设计制造攻打怪兽的武器。有的同学看到了，也参与他的设计，于是成了不同的奥特曼战士，他不喜欢的或者不愿意和他们玩的同学就成了他们假想的怪兽，他们就会瞅准时机，攻击这些"怪兽"。

了解了这些，我开始走近孩子的家庭，找他的爷爷奶奶、爸爸妈妈谈一谈。

2. 走近家庭，了解孩子生活的环境。

原来，孩子从记事起，因为爸爸妈妈工作忙，一直由爷爷奶奶照顾。只有周末，妈妈才有时间接他一起玩。开始，华不愿意到妈妈那里去，也没有什么玩的，妈妈就只会带他吃一些他喜欢吃的东西。后来，华喜欢去了，因为每次去，妈妈会给他买来他喜欢的奥特曼、衣服、光盘和其他玩具，只要带有奥特曼的物品全给孩子买，舅舅还带着孩子一起打游戏。每次去妈妈那里成了孩子最期待的事情。回来之后，孩子每天晚上都看奥特曼光盘，还拿来画笔设计怪兽，他自己当奥特曼来战胜怪兽。他认为自己是奥特曼，是无敌的。有时，爷爷奶奶不让华看电视，怕他视力受影响。华就使出浑身解数大吼大叫，乱踢乱打，爷爷奶奶总是看爸爸妈妈不在身边，孩子可怜，也就容忍了他。看见这个招数好使，每次有不顺心的事，华就拿出这个杀手锏逼着爷爷奶奶就范。有时，妈妈不给他买新出的奥特曼玩具，他也开始用这个招数，妈妈为了让他能陪在自己身边，也就都满足华的要求了——虽然有的时候妈妈也觉得自己做得不对。

爷爷奶奶年纪大了，从来不带华到楼下和小朋友玩，他只能与奥特曼成为朋友。

了解了孩子的家庭环境，也就找到了孩子问题的根源。

分析

1. 游戏和生活混淆。

老人年龄大,没有精力带孩子出去玩,孩子由于缺乏玩伴迷上了电子游戏和奥特曼,并且把这种游戏带进自己的生活,组成奥特曼团队,袭击其他同学。

2. 不会与人交往。

由于孩子之间玩的文化不同,他又缺乏和同龄人交流的经历和经验,不知道怎样表达自己的需求,想和同学玩却不会沟通,就直接上手拍打同学,同学就认为这是被打了。

3. 孩子们形成定式,不宽容他。

由于有几次这样的经历,同学们都排斥他和他的奥特曼团队。只要与他们有一点矛盾,同学们就会夸张、夸大他们的问题,激起奥特曼团队的反感,致使矛盾加深,打闹成了家常便饭。孩子们回去和家长们一说,家长们会从家长的角度"教育"自己的孩子,使奥特曼团队和华的环境更加不宽松。

帮扶措施

每一个班主任都希望自己的学生健康、阳光、积极、向上,不想抛弃、放弃任何一个孩子,也不愿错失任何一个教育机会。华这样的孩子更需要我们倾注更多的关爱。于是,我为华的"华丽转身"制订了以下帮扶措施。

1. 丰富业余生活。

由于华的业余生活过于单一,甚至导致他对游戏过度依赖,才会把游戏和生活混淆。我们的第一步就慢慢让华的业余生活充实起来,我们要借助大人的力量帮孩子理清楚游戏与生活的不同。奥特曼可以看,建议由每天看变成一周看两次,不要完全禁止,以防孩子形成逆反。等他新的兴趣建立起来了,变为一周一次,孩子慢慢长大了,兴趣转移了,就好了。

先带着孩子看看书吧。于是,利用周末,我为华购买了几本适合他看的书:《柳林风声》,教孩子怎样与人交往,怎样获得好朋友;《海底两万里》,开阔孩子的眼界；一些绘本故事——《爱心树》《花婆婆》等，对孩子品德行为有一些引导。希望家长每天能和孩子一起阅读。

2. 学会承担。

每次华伤到同学，希望家长能带着华一起去承担。先带伤者到医院做个检查，学会去安慰受伤的同学，然后用自己的零花钱为伤者购买营养品。要让华经历"承担后果"的全过程。

3. 学会沟通。

由于华的做法过于暴力，家长们也都非常担忧自己孩子在校的安全，有的家长联名要求孩子离开这个班。为了让同学们和他消除隔阂，我为华设计并组织了一个"小小同学会"活动。平时经常和华发生矛盾的几个同学可能还不能接受华待人接物的方式，不了解华，我们邀请这些同学和家长到他家里去做客。我私下和那些家长进行了长时间的沟通，希望家长们能理解孩子们在一起玩熟了，彼此增进了解，矛盾也就会减少。

利用放学时间，华的爸爸接上华和几个经常被华攻击的"怪兽"，以及"怪兽"们的妈妈，来到华的家。前一天晚上，华的奶奶准备了最拿手的寿司卷、水果沙拉款待来访的客人。爸爸负责为孩子们照相，爷爷负责和各位阿姨聊天，华负责招待他的小伙伴们。孩子们一起画画，一起玩枪，一起滚珠，在这个过程中有的同学就开始大声嚷："你为什么玩儿那么长时间，不让给我。"一旁的家长开始意识到自己的孩子也存在问题，遇到一点小事就夸大其词，这种夸张的表现也会激怒别人。就这样，利用周末，华会组织几次同学会，孩子们都愿意去他家玩。彼此增进了了解，矛盾也慢慢减少了。

4. 家长坚持原则。

孩子的一些小毛病，往往是家长纵容的结果。孩子不顺心就会使用他们的杀手锏——哭闹，家长一心软就答应孩子一些无理要求。为了帮助孩子改正缺点，家长也要坚持原则。爷爷奶奶年纪大了，华应该担负起照顾爷爷奶奶生活的任务，每天做一些力所能及的家务活，如给他们讲讲故事、扫扫地、洗洗碗、铺铺被子等。家长不要一味地为他付出，要让他学会去关心爱护别人。

5. 多多沟通。

我每天记录华的在校一日情况，和家长定期沟通，相互配合。同时让华感受到，自己的缺点在一点点减少，优点在慢慢增多，为他树立自信，让他产生继续努力的动力。

6. 给华一个环境。

华的转变需要一个环境，不仅是家庭环境，还有班级环境。班级环境有外在的，班主任可以调控的，但还有最关键的内在环境——家长们的态度。

为了给华创造这样一个环境，我在班级博客中发了一篇博文：《给别人一次机会 也就是给自己一次机会》。

多给别人一次机会，也就是多给自己一次机会。再多相信对方一次，多宽容原谅对方一次，多帮助需要帮助的同学，会让我们的环境更和谐，更美好。你的一个小小决定有时是多么的重要。善待别人，你也会有意想不到的收获与快乐。

我们班的华有很明显的男孩性格，喜欢奥特曼，喜欢乐高玩具之组装英雄篇。他把爱好也带到了班里，邀请一些同学作为同盟，有设计制造武器的团队（叠飞机、手枪，画轮船大炮，等等），还有出击的队伍，把一些同学作为假想敌人，结果由于自己的兴趣伤害到一些同学。看到自己的孩子被同学"欺负"，做妈妈的心里非常心疼与着急。我也是妈妈，非常理解这份心疼。华是我们42个孩子中的一个，我们不能弃之不管。为了华的改变，我和他的家长正在努力设计方案：

一、孩子有很强的组织能力，很多同学愿意和他一起游戏。也许孩子未来会成为一个很优秀的武器专家，我们不能泯灭孩子的兴趣。但是，玩游戏时有假想敌人，要和同学讲清这是在玩游戏，不能有真的举动去伤害同学。还可以把假想敌人转移到画面上。现在的"纸上谈兵"，没准就是将来的"两军对垒"。

二、为了避免孩子的过度沉迷，我们为孩子筛选一些新的图书、玩具，让孩子保留兴趣的同时懂得关爱，懂得不要把自己的快乐建立在别人的痛苦之上，不要以伤害同学来满足自己的爱好。

三、由于孩子比较淘气，再加上成人对孩子的批评可能过多，所以每当有同学告状的时候孩子就比较紧张，两只手来回地搓。我看着有些不忍，拉着孩子的手告诉他：每个人都很喜欢你，都希望你能和同学成为好朋友，但是不要打同学、伤害同学。相信每个人都希望孩子心理健康地成长，我也希望不因每天过度强调他的伤害行为造成"强化错误"，而让他难以改正。希望孩子们也不再提及他以前犯下的错误。

四、希望同学们不要盯着华的缺点，不要把华作为大家的攻击目标。毕竟，一个巴掌拍不响。我们要给孩子一个空间，要欣赏他的优点。我们转变一个孩子需要环境，也需要一点时间。希望家长们也能对自己的孩子有一个小小的要求：多关注华的优点，帮助华树立信心，让他成为我们的朋友！

感谢各位充满爱心的爸爸妈妈们！让我们共同为华营造一个空间，给他一个机会，相信华一定会"华丽转身"！

让家长们认识到，孩子六年来养成的习惯要改变，需要时间和环境。班主任关注的是 42 个个体和一个集体，而家长关注的是一个个体和这个个体生活的环境。我们的角度不同，但是我们有一个共识，就是当生活的环境好了，每一个个体才会好。在这样一个共识的基础上，我们的教育才能得以更好地实施。

7. 责任约束。

为了让华产生一定的责任感，我们班委改选的时候，选他做纪律班长，同时负责整理班级书柜。在他管理纪律的同时有机会看看同学们是怎样遵守纪律的，用这份责任约束他，促使他尽快改变。整理书柜可以让他每节课间有事可做，也为他赢的机会，增加他在同学心目中的好感。

效　果

现在的华已经"华丽转身"，不仅不再出手伤人，他以前的"死对头"们也都成了他的好朋友，他们经常一起画画，一起游戏，一起读书。他总会主动帮助班级倒垃圾、整理书柜，并邀请小朋友到家里做客，朋友越来越多！

案例反思

"最好的教育是用 50 种方法教育一个学生；最糟糕的教育是用一种方法教育 50 个学生。"（刘可钦《教育其实很美》）

我们只要走近孩子的心灵，为孩子的真正转变去努力，赢得家长的信任与支持，为他营造转变的环境，他就会有一个"华丽的转身"！

博客回应

行为都是心理的映射，尤其是正在成长中的孩子。有时他会有攻击别人的现象，可能是因为他需要更多朋友的关注和呵护，甚至仅仅是别人对他的表扬。有时他叫这个、那个为他出力，听他指挥，可能是因为他想交朋友但缺少自信心，怕被别人拒绝。孩子的心还是纯洁的，我们真的不希望用成人的概念过早地给孩子们某些行为下定义。孩子的想法还是稚嫩的，只是不知道如何用正确的方式表达。我想，对这样的孩子，我们家长多听听他是怎么想的，少用批评的口吻，因为越批评越会激起逆反心理。如果可以，家长需要多陪陪孩子，而不仅是物质的满足，他需要安全感，他需要认可。

——网友

第四章

快意课堂

"过生日"

——激动

2012 年 9 月 28 日　星期二　晴有风

"过生日"其实是一节比较大小、多少的课,这就把孩子们的精彩表现和大家分享。

淘气妈妈要过生日了,淘气和爸爸为妈妈准备了什么?（蛋糕、饮料、西瓜、西红柿等）淘气和爸爸为妈妈唱起生日歌。开始切蛋糕,哪块蛋糕最大,哪块蛋糕最小?

全班举手。

际平：1 号蛋糕小,3 号蛋糕大。

大家纷纷应和。

我：对！你们都同意,说一说,你怎么比出 1 号蛋糕小,3 号蛋糕大?

孩子们做思考状。

天一先举手,到前面边演示边说：看着,1 号这么一小块,2 号比它大一些,3 号最大。

一部分同学应和：对！

我点拨：天一是用眼直接观察出来的,这是我们最常用到的一种比较方法。

小乐急不可耐,经同意,抢步上前说：3 号这么大（用手比划）,2 号这么大（收回一些）,1 号这么大（再收回一些）,1 号最小,3 号最大。

我点拨：借助自己对大小的一个感觉,说明他心目中有一个标准,还用手势比画出来了,也是一种好方法,很爱动脑筋。还有别的方法吗?

大家陷入思考。

泊然胸有成竹地拿起教鞭,边演示边说：1 号蛋糕有两个樱桃大小,2 号蛋糕有 4 个樱桃大小,3 号蛋糕 8 个樱桃大小。1 号小,3 号大。

多么清楚的表达！我适时点拨：谁听清了,他借助什么标准比较蛋糕的大小？

大家齐声说：蛋糕上面点缀的樱桃。

我点拨：他会以樱桃为标准来比较物体的大小，拥有 2 个樱桃的蛋糕小，拥有 8 个樱桃的蛋糕大。这种是自己设定一个比较标准，借助标准比较，很会思考。谁学会了？来说一说。

几个同学说完之后，我继续引导：还有好方法吗？

大家再一次陷入思考，几个同学跃跃欲试。

韦翔跑到前面：3 号是整个蛋糕的一半，2 号是整个蛋糕一半的一半，1 号是一半的一半的一半。所以 1 号最小，3 号最大。

我：谁听清他是怎样比较的？

大家回答：跟整个蛋糕比较的。

我点拨：他没有只看这几块蛋糕的大小，先在脑子里想好整个蛋糕的大小，然后开始假想分蛋糕。现在，我们就一起来想象分蛋糕，开始分啦！大蛋糕分一半是 3 号，3 号再分一半是 2 号，2 号再分再分一半就是 1 号。看他思路多清晰呀！（其实涵盖了分数和面积问题）谁掌握了这种方法？来说一说。

几个人说过之后，我继续引导：还有不同的方法吗？

同学们面面相觑。

雨辰信步走到前面：1 号最小，两个 1 号能合成 2 号，两个 2 号能合成 3 号，3 号最大。

我点拨：相当于把韦翔的逆推过来，也很有创意。谁学会这种方法了？也来说一说。

接下来，比较西瓜的大小的时候，墨圣就说：我认为 1 号西瓜是大西瓜的一半，2 号西瓜相当于一半的一半，3 号西瓜相当于一半的一半的一半。

看，孩子马上就会应用了。

我引导：看，墨圣在表达自己的观点的时候，还用了一个"我认为"。

后面孩子纷纷效仿。孩子们就是在这样的氛围中学习的。

接着，我出示了两个水瓶，问：你们猜哪个水瓶装的水多？

多数孩子说：又粗又大的水瓶装的水多，又细又小的水瓶装的水少。

这是用最直观的观察法，得出结论。

有的说：不一定，老师要是把大水瓶子里的水倒出来了呢？

对大家认同的事物持否定批判态度，有创意。

蒲榕：把两个水瓶中的水分别倒在一个杯子里，看哪个水瓶中装的水多。

孩子会借助工具来比较了。我找了两个一次性杯子真的倒给孩子们看，孩子们非常兴奋。

看到了吧，就一个简单的"比较大小"，竟有这么多的方法，可见孩子的思维一旦被调动后，表现就会越来越精彩，妙语连珠。每个孩子都很活跃，都学到了比较物体大小、多少的方法——一种直接观察，一种借助标准。

到后面的练习，每个孩子都有一次表达的机会，同时检验了孩子掌握的情况。孩子们的表达简直让人震撼，他们都说得非常完整、到位。孩子们的精彩表现，让人激动。

很简单的数学问题，不同的观察方法、思维方式，活跃的课堂气氛，都体现出老师的用心良苦，谢谢您！谢谢您对孩子们的爱！

——梓嘉妈妈

和孩子一起穿越

2012 年 11 月 22 日　星期四　多云

今天数学课上孩子们和老师一起穿越啦！

我们讲的是"古人计数"。我带着孩子们通过"时空隧道"穿越到恐龙时代，没有食物，打猎为生，想知道自己打猎的数量，没有纸笔怎样来记录？

泊然：用一根绳子，打到一次，在绳子上打一个结，最后数打的结。

这是结绳计数法

梓嘉：找一些木棍，打到一只，摆一根木棍，最后数木棍。

韦翔：用一些小石子，打到一只放一个小石子，最后数小石子。

雨辰：找一根木棍，打到一只，用石头在木棍上刻上一道，最后数刻的痕迹。

禹华：在一块松软的土地上，打一只划一道，最后数道道。

宁泊：吃完猎物剩下一根骨头，最后数剩下的骨头。

看，孩子们的想象力多丰富！太有意思了！

我们从远古又穿越到唐朝，一不留神沦落成了放羊娃，每天要数一数羊的只数，以免丢失被主人惩罚。可是羊不听话，不能立定不动让我们去数，想一想办法。

乐山：做一个笼子把他们关起来数。

予硕：做一个大铁笼子关起来。

够狠的！

有一个同学小声嘀咕：放一只，数一只。

就依他了！然后开始我放一只，学生们用小棒摆出来数一只，这样数出 12 只，孩子手里有 12 根小棒。

现在用小棒代替羊，每天羊的主人还要数羊，想请你们帮忙，不用数就知道有 12 只。

苏祺：把小棒分成两部分，一部分是 6，另一部分也是 6，好数。

有的孩子说：两个两个好数。

天一：把 10 根放一堆，2 根放一堆。一看这就是 10，这就是 2，合起来就是 12 了。

大家一下意识到这种办法好，纷纷改正自己的。

我：其实，为了方便大家观察，一般小棒够 10 根就捆一捆，代表一个 10，这是以前"10 的认识"中讲过的内容，大家能够回忆，容易理解；剩下的 2 就表示 2 个 1，1 个 10 和 2 个 1 合起来就是 12，这就是数的组成。写作"12"，读作"十二"。能结合图意说个算式吗？

佳轩：10+2=12，2+10=12。

我：这个数和以前有什么不同？

睿阳：以前的数占一个田字格，这个数占两个田字格。

有许多同学一起喊：它有两个数位，十位、个位。

我继续启发孩子：这两个数位怎样排列，谁帮我说一说？

科瑶：从右边起第一位是个位，第二位是十位。

请一组孩子分别说一遍加深印象，然后让孩子们自己边添小棒边说组成，一直到"2 个 10 是 20"。又请了一组同学结合同学们说的图意列出两个算式。既巩固了数的组成的知识，又学习了 10 加几、几加 10 的加法。最后让学生总结规律。孩子们有数字组成的经验，一般上来先找数字规律。

有两个同学说：第一个数都是 10，第二个数一个比一个大，得数一个比一个大。

宁泊：我看出 10 加几，就得十几。

很经典，我们就此口说一些题练习，加深巩固。最后请同学们选自己喜欢的两个数比较大小。任蒲榕选 12 和 14 比，14 大，大家都同意，于是请同学说说想法。

润松：都是一个 10 不看了，个位 2 比 4 小，14 大。

还有两个同学说 12 再添上 2 才是 14，14 大。……

又请五个同学来自己选数，比较大小说方法。

一节课就这样过去了，下课了，好多孩子围过来：老师再上会儿行吗？像讲故事一样，我还想穿越！

今天苏祺讲了自制动画片，同时在姥爷的帮助下为我们班做了两个投票箱大小的箱子。绿色的箱子是"爱心箱"，谁做了好事，可以写一个条子"我（××）帮××做了××事"，也可以是帮助班级做××事，或者提醒同学们别违反纪律，等等。写好之后可以投到箱子里。另一个红色的是"问题箱"，谁做事有问题，危害他人或班级，可以自己记录，也可以同学记录投入进去，每周五开一次箱，请班长来读一读，做好事的可以相应颁发"纪律章""卫生章""劳动章""爱心章"，有问题的要提醒他注意，需要大家共同监督。

下午3:00，和学校的青年团员及一些低年级班主任一起聊了聊班主任工作，每个人都有自己的一套方法，从中受益颇多！

博客回应

这样的课堂，生动活泼，充满趣味，从多方面培养孩子的能力，赞一个！万老师，最近回家，孩子会跟我说她的作业就剩下一项或者两项没做，其他的在学校都已经完成了！我担心这样会因为忙着写作业，影响了课间休息或听讲。或者"事勿忙，忙多错"，匆匆忙忙写作业，可能就会出错。但是简单地阻止孩子这种行为，又怕会影响她学习的积极性，毕竟愿意主动写作业是值得肯定的。那么，关于孩子自己在学校写记事本上的作业好不好，想请您和各位家长说说自己的想法或者经验。谢谢！

——芮彤妈妈

数学本不好玩，但是万老师能够想办法让它好玩，多么有意思的一节数学课。

——杜杜数学

有趣的数数

2013年3月13日　星期三　晴

今天我们学习数100以内的数——"数花生"。昨天发短信让孩子们带学具，秋雨见到我就说："老师，谢谢您让我带花生，花生真好吃！"课没上呢，她已经开始用自己的花生请客了。我看一眼她的袋子，带的还真不少！其他同学也交流着自己带的学具，有的带大米（粒太小，实在不好数，除非万不得已，不再提倡），有的带莲子、开心果、大榛子、小棒、花芸豆，等等。有的同学课上完了，就可以美餐一顿了。

上课伊始，我们再次走进农场，最先迎接我们的是小羊。数一数，有几只小羊？孩子们用不同的方法数出20只小羊：一个一个数、两个两个数、五个五个数、十个十个数。同时感受到，一个一个、两个两个数更精确；五个、十个一组数得更快，当数量多的时候可以采用。接着，来了更多的小羊，先估计一下有多少只？孩子们特别会思考，借助先前数的20只，一下就估计到有100只。有的孩子说：我借助这20，估计20、40、60、80、100，是100个。有的同学说：借助10个估计10、20、30，一直到100。

我们有这么多好方法，现在把自己的学具和同桌交换数（避免有的孩子知道自己带多少，就不数了），先不告诉同桌你的数量，保密，让同桌自己去数。

孩子们开始行动，看着他们胖乎乎像笋芽一样的小手在那一个一个拨弄着、认真数数的样子，真是让人看不够、爱不够！

▲数豆子

思薇将盒子与盒盖配合得很好,从盒子里拿,数完放到盒盖上,这样豆子不会掉到地上。铭宇更有办法,从家里带一个泡沫做的圈,把豆子圈在里面数,也不会掉下来。当然还有个别同学没有带东西,就让他们和同桌一起数。

　　同学们有的一个一个地数着,有的两粒两粒捏着数。俊强和泊然都撅着小嘴数五个放到袋子里,再数五个放到袋子里。最有意思的是天畅,把睿阳带的大瓜子,一列摆十颗,十颗十颗数。还有十个同学把小棒每十根捆起来,十根十根数。看着孩子们的奇思妙想,已经乐在了心里!

　　孩子们数完了,让他们到前面展示——一个一个数到100,两个两个数到100,五个五个数到100,十个十个数到100,以此来掌握数数的方法。有个别同学在拐弯数"79、80""89、90"时发生错误,重点练了一下。最后让孩子们再用不同的方法数一下自己所带的物品,从而把数数的方法加以巩固。

　　早上,我们询问了几个同学,在家里是怎样做到"父母呼,应勿缓;父母命,行勿懒;父母教,须敬听;父母责,须顺承"的,润松、禹华等都说:在家里,家长提出要求,立刻就做;在学校,老师安排的事马上就干,不拖拖拉拉。希望更多的同学能够做到!

　　天蓝得透亮,蝴蝶兰粉得艳丽,教室通透,抽时间享受一下阳光,写一点点自己的感受,舒服!

博客回应

　　孩子们对学习数学的兴趣越来越浓,跟老师课堂上启发式的教学不无关系。最近书写的作业少了,心里还真有点儿发毛……这两天,我想了个办法帮孩子复习语文,跟大家交流一下,如果有什么好方法,大家都来聊聊吧。

　　以前,我们都是按照老师的要求,把作业写完就可以了,但这两天开始,我会让孩子先把今天课上学了哪篇课文读一遍,比如今天学的是《胖乎乎的小手》。读完后,我会和她一起说说:"你的小手帮爸爸妈妈干过什么啊?"她开始的时候想不到,我就提醒她,比如帮妈妈爸爸盛过饭,擦过地板,挤过牙膏,等等。然后我又问她:"你长大以后能帮爸爸妈妈干什么啊?比如妈妈生病了,你会怎么做?"她想了想说:"给妈妈拿药。"我就是想通过这种方法,让孩子渐渐懂得如何去"学"每一篇课文,不要只是满足于会认字了或者会写字了,要通过思考,锻炼自己。这两天我们都是这样练习的,希望经过练习,她能逐渐学会思考书中的道理,并且去实践。

——芮彤妈妈

我们一起变魔术

2013 年 4 月 28 日　星期日　阵雨

今天我们认识平面图形。

上课伊始，为孩子们出示了一个机器人模型，孩子们惊呼："机器人！"我让孩子们找一找机器人中藏着的小秘密，看谁发现了。孩子们观察出，这个机器人是由长方体、正方体、球、圆柱拼成的。这些物体是上学期学习的，我把这些物体请出来，让孩子们快叫出它们的名字。孩子们复习巩固了长方体、正方体、圆柱和球。

"现在老师为大家变一个魔术。"说着，我用圆柱蘸着印泥在一张白纸上印出一个红红的圆。"谁能破解我这个魔术？"孩子们纷纷举手，为破解我的魔术跃跃欲试。皓严说："老师用圆柱的一个面放在印泥上一印，再印到白纸上就成圆了。"我请他到前面指一指，他指出了两个圆面。又请子孟摸一摸这两个圆面。

"同学们想变魔术吗？老师为你们这些小魔术师准备了道具，在每个组的桌子上都有个学具袋，里面有很多物体（我一一展示，借此让同学们认识上学期没有学过的三棱柱）。现在我们来看变魔术的几项要求。"

课件展示活动要求：

1. 从物体中选一个你喜欢的，摸摸其中一个面。

2. 想办法得到这个面。（这时，我问孩子们："你有什么好办法得到这个面？"韦翔说："把物体按在纸上，用笔沿着物体画出来"。钦浩补充："再用剪刀剪下来。"刘祺："将物体在印油上印了，再放到纸上就可以了。"孩子们总结出了两种好方法。）

3. 把你得到的图形剪下来，和你同桌说一说，你是从什么物体上得到的这个图形。

组长安排小组同学活动，大家按这三条要求，一条一条去做。活动中，大家互相谦让。

孩子们找到自己喜欢的物体，晓余喜欢的物体在同学手里，就在那静静等着，等同学用完了，自己再用，很会谦让。孩子们用自己喜欢的方法从物体中得到图形（体会"面从体来"），谁的图形剪完了，我就给他一块橡皮泥将图形粘到黑板上。

孩子们很快就获得了三角形、圆、正方形、长方形。我请孩子们给这些图形分分类，问他们打算怎样分。

一凡：按图形分，一样的图形分一类。

我请科瑶、佳熹、芮彤、苏祺四位同学商量好，实际操作一下，把这些图形分一分。按照同学们的意见，他们很快就分完了。

我：你们认识这些图形吗？

生：长方形、正方形、三角形和圆。（我板书）

我：好，这么多圆是从哪些物体上得到的？拿着你所用的物体到前面给大家讲一讲。

宁凯：我是从圆柱上的这个圆面得到的圆。

我：刚才得到圆的这些同学和他的方法一样吗？看来以圆柱的这两个面可以得到圆。生活中哪些地方见到过圆？

孩子纷纷说家里的圆桌面是圆，表盘面是圆……

三角形的方法同圆。安琦给大家讲解了她的三角形是从三棱柱的两个三角形的面得到三角形。

我：这些长方形你们是从什么物体上得到的？谁得到的长方形，拿着你的物体到前面来。

钦浩：我从长方体的长方形面上得到的长方形。

润松：从三棱柱的这个长方形面上得到的长方形。

我：看来三棱柱不仅能得到三角形还能得到长方形。这是为什么？

引领同学感受到物体上有什么样的面就会得到什么图形。

我：都谁和他的方法一样？你们还有其他方法也能得到长方形吗？在生活中，你们还从哪见过长方形？谁能准确点说？

墨圣：这个门的这个面是长方形。

正方形方法同上。周易为大家讲解了从长方体的一个正方形面上得到正方形。宁泊为大家讲解了从正方体的四个面都可以得到正方形，同学立刻为他纠正是六个面。因为六个面都是正方形所以都能得到正方形。

我：为什么没有人用球得到图形呢？

乐山：用一个大纸把球包起来，再沿着纸形成的轮廓得到圆。

我真的这样帮孩子做出来，大家一下就感受到了。

我又带着孩子用圆在印泥上印一下，印在纸上得到的是一个点，为什么呢？因为这个球没有一个平平的面。

我：看来我们和这些图形交上了好朋友。观察这些图形，再观察你们手里的物体，你有什么发现？

泊然：平面图形只有一个平平的面，立体图形有几个面。

区分平面图形和立体图形。

我：我们对图形有了这么深刻的了解，你们想不想自己做一个图形？

为孩子们出示钉子板和皮筋，请大家用皮筋借助这个钉子板尝试着做正方形、长方形、三角形、圆，初步感受图形的特点，做完之后展示。

我：做长方形、正方形的时候你有什么感受和大家分享吗？

孩子们纷纷表达自己的想法，由于用具不够每人一份，交流完就直接在书上画图形了。

一节课下来，每个同学都有发言的机会，每个同学都参与其中。孩子们认识了四种图形，体会了"面从体来"，会自己实际画图形，收获知识的同时兴趣盎然！

博客回应

真想走进这样的课堂，和孩子们一起变魔术！可惜今天忘记给孩子带学具了，感觉特别对不起他，看到老师能让孩子们分享自己的学具，真心感谢！以后我们做家长的要以身作则，整理好自己的用具，同时也提醒孩子每天收拾好自己的物品。惭愧！

——10班家长

第五章

彩虹桥吧

个体——集体（1）

2012 年 9 月 13 日　星期四　晴

　　昨天晚上，读了泊然妈妈为儿子写的博客，感受到做妈妈的享受、幸福，以及对孩子的欣赏，也让我对孩子有了一个全面的了解。真希望有时间大家能坐到一起，就聊聊孩子，这种成长的故事会让人振奋与欣喜。

　　入学已经九天了，孩子们渐渐变得熟识起来。辰宝已经有两个追随者，课间，宁泊、伯缘开始跟着辰宝玩捉人的游戏。下课铃声一响，转眼人就不见了。我给他们讲了这样做的后果：楼道里人多，跑起来会不小心撞到人，伤到别人要承担责任，伤到自己也会很疼。他们看似听懂了，不知道能不能入心！由此反思，男孩子能量太大，需要释放的空间，准备再为孩子们创设点空间，将他们的能量转化一下。

　　这两天发现一个比较大的问题：有些小朋友听完老师提的要求不能马上反应，需要提醒三四次，才见行动。究其原因有以下三点。

　　1. 孩子在家时看护的人比较多，给孩子提要求，孩子还没做出反应，家长就开始帮孩子做了，慢慢形成了这种习惯。

　　2. 孩子个性强，你让我朝东，我非要朝西，看成人的反应，如果他得逞几次，觉得很有趣，就会形成习惯。

　　3. 对孩子的要求太多，他达不到，或心理厌烦不想理会，久而久之形成习惯。总之，孩子表现出来的问题不是一朝一夕养成的，也不是一天两天就能改的，需要一个长期摸索的过程，我们现在就在探寻这个过程。课堂回答问题进行个人评比，积极思考并回答问题的以"金话筒"作为肯定和鼓励；认真听讲的以"金耳朵"来肯定和鼓励；班级纪律以组为单位进行评比，这样小组的荣誉感就会约束"小淘气"们的行为。

　　由于刚刚入学，有些小朋友还在适应阶段，可能会有些上火，每天课间要求孩子们最少喝十口水，分组让小朋友互相督促。希望大家晚上回去少给孩子吃点肉菜，因为晚饭吃肉太多不好消化，容易积食。同时，里面穿一件短袖，外面套一件长袖，随着气温变化，可以随时穿、脱，我好把控。大家互相转告吧！

博客回应

万老师，昨天下班听到一凡爷爷说"万老师让你给她打个电话"时，我的心一下子揪紧了，心里想，肯定是孩子课堂纪律又不好了，当时又着急又生气。当听到您说他最近有进步时，我的心一下子就轻松了。放下电话，把您的话告诉了一凡："万老师表扬你听课有进步了。"他听了非常高兴，听得也很认真，向我表示要继续进步，同时指着记事本上的"有进步"的贴纸告诉我每一张的来历。听得出，他也为自己的进步高兴呢！作为一个男孩子的妈妈，对泊然妈妈的话深有同感。男孩儿们的精力太旺盛了，不知道什么时候就又惹麻烦了，真是很让人头痛。关于您提到的问题，一凡身上也或多或少存在着，我们会和您一起关注孩子的这个问题，也希望您能根据多年的教学经验，告诉我们更好的方法。万老师，辛苦了！

——一凡妈妈

谈入学焦虑症

2012 年 9 月 15 日　星期六　晴

　　今天放学路上偶遇一位曾经的家长朋友，谈到孩子刚刚入学时他的精神状态：每天早上送孩子上学，恨不得备两辆车，总是担心车坏了怎么办，遇上车祸堵车怎么办，就怕孩子迟到。每次老师打电话交流孩子存在的问题，妈妈的情绪就变得非常急躁，对孩子一顿数落。等孩子睡下了，又暗自伤心。我由此想到新的家长中也不乏焦虑的问题：有的家长担心孩子的座位会影响孩子听讲，有的家长担心孩子吃饭不习惯，等等，总在为一些还没有发生的事焦虑不安。每次新生家长会，我都会跟家长交流入学焦虑症的问题，孩子很快适应了环境，家长却担心得不得了，这是为什么呢？家长对孩子的过度关注、对孩子的过高要求都会引发这种焦虑。我曾经说过"慈祥的爱""严肃的爱"，我觉得还应该有一种，叫"放手的爱"。

　　孩子就像一棵小树，成长过程中难免会有一些边边杈杈，我们的目的是帮孩子修剪多余的"分杈"，促使其茁壮！

　　我们要正确对待老师与家长的沟通。在家里，家长观察到的只是一个孩子，从小到大，都是在纵向观察；而老师在学校不仅会纵向观察，更会横向观察：孩子的学习、与人沟通交流、行为习惯等各个方面。当老师发现某一方面有些小问题时，有义务和家长沟通，便于家长了解情况，配合老师完成教育，达到教育的一致性，以期求得最好的效果。所以家长们应正确对待沟通交流的问题，只需了解孩子的问题，配合老师慢慢引导就行，急躁不会起到任何作用。让我们以平和的心态对待发生在身边的每一件事！

　　谢谢万老师在周末依然关注孩子，指导家校沟通。在开学之前我也很焦虑，因为霁扬没有上过学前班，我很担心他跟不上。邻居的孩子在另外一所小学就读，一年级时曾因为跟不上学校的进度经常做噩梦，在梦中喊道：我什么也不会。开学两周过去了，霁扬的状态让我们高兴：他非常喜欢上学，喜欢学校、老师和同学。我们逗他，要带他出去玩别上学了，他立马拒绝。他很喜欢学校上操的音乐，说有很好玩的乐声，他听见就忍不住笑了。他认为学校的饭一定是一位大厨师做的，因为比家里的饭好吃，他每次能吃两碗。每天看他高兴地说学校的事，我的焦虑也慢慢消失了。谢谢老师的付出！

——霁扬妈妈

割草机父母

2012年9月16日　星期日　

今天随手翻开一本《读者》(2012年第18期),其中有一篇文章《割草机父母》,想和大家分享。

割草机父母是直升机父母的升级版,他们不等着困难出现,而是一直走在孩子前面,随时替他们清除障碍。他们想要扫清孩子可能会面临的所有障碍。有些孩子在父母的溺爱下逐渐变得性格扭曲,极其懒惰,从而失去生存能力。这个词反映了当前部分父母对孩子过度的爱和不恰当的爱,对孩子的健康成长造成不利影响。在此呼吁全社会采用正确的方式,引导孩子健康成长,呼吁家长们要对孩子爱得明智、爱得理智!

以上就是这篇文章的全文,不长,但是确实反映了当前父母教育的一些现象,也回应了我们前面一篇博文《谈入学焦虑症》。我们是因为怕孩子会遇到这样那样的问题,才焦虑得几乎让自己窒息。其实,孩子在成长过程中,越早"摔跟头"越好,因为他有时间、有资本重新来过。也许我们还有机会把他们扶起来,让他们重新走下去。我们不要给孩子们制造平坦大路的假象,为他们将可能遇到的所有沟沟坎坎填平。毕竟我们不能陪伴孩子一生,将来他自己走路的时候,一样会跌跤,而那时候他会自己爬起来吗?还有时间再去重新来过吗?该让孩子经历的我们不能替代!

　　就像之前万老师说过的"放手的爱"!孩子成长的过程也是家长自我修炼的过程。

——佳轩妈妈

架起一座彩虹桥

2012 年 9 月 21 日　星期五　晴

在紫竹院公园无意中听到两个中学生的谈话。

甲："你还是回家吧，不回家，你去哪呀？"

乙："我就想找一个说话的，我妈天天就那几句话：'写作业吧''写完了吗''吃饭吧''快看看书吧''琴还没练呢吧''好好学，考上一个好中学，妈妈就放心了'。上次摸底我没考好，我还没说话，妈妈就是一顿数落：'你说你天天干什么呢？'一见她就烦。真不想回家！"

听到这，想起一篇报道，央视的一位女主持人，也是一位妈妈，虽然工作很忙，但是每周末都会抽出时间，像约朋友一样，约自己的女儿到肯德基或麦当劳，谈谈各自的学习、工作（顺心的和不顺心的，对上司、同事的看法，对同学、老师的评价等）、朋友（同性的、异性的，甚至是自己的至爱——孩子的父亲、自己的丈夫）、对以后生活的期盼等等，然后请女儿吃一顿大餐，轻松地投入以后的生活。

由于社会竞争的压力，许多父母把孩子的时间填得满满的，让他们转战于各个辅导班；对孩子的教育是如何考上好中学，考上好大学，找一份好工作；和孩子的交流是在路途的奔波中，不断地重复快点干这个，快点干那个，利用空闲的时间赶紧完成学校的作业。父母这边呢？忙完工作，还要和孩子一起奔波，规划孩子的未来。在孩子心目中，我只要学好了，别的都不用理会，甚至可以为所欲为。在父母心目中，你只要学好了，别的都不用管，做父母的任劳任怨。孩子不理解父母望子成龙的一片苦心，父母不理解孩子为什么不理解自己的一片苦心。如此恶性循环，孩子的心离家长越来越远。作为班主任，我看在眼里急在心里。帮家长和孩子建立起良好的沟通，就从一年级开始，从现在开始，让沟通成为一种习惯。

第一阶段：教育孩子学会感恩

我发出"感恩与期盼"的倡议，请家长写出在抚养孩子过程中最感人、最能震撼孩子心灵的一件事，我利用早自习或午休结束的时间读给孩子们听，然后让当事人谈谈自己的感受，再让其他同学谈谈感受。把全过程录音，发到校友录上，也让家长和我们分享。

有的家长这样写道："……为了培养你的毅力，爸爸妈妈带着你一次次去爬香山；为了鼓励你练习游泳，一贯怕冷的妈妈坚持陪你在冬日里一起下到冰凉的水中；你从小不睡懒觉，爱睡懒觉的爸爸妈妈也不好意思了，被你带动钻出温暖的被窝……"

读完这封信，孩子说："爸爸妈妈，我太爱你们了！我一定会长成一个男子汉，来保护你们！"看着孩子攥紧的小拳头，俨然一个有志向的小男子汉站在我们的面前。

"……儿子，你知道现在爸爸最大的心愿是什么吗？就是你不再挑食。尽管爸爸做的饭菜不像妈妈做的可口，但我会努力改进。你是爸爸的全部，你能理解爸爸对你的一片爱吗？你不再挑食，健康快乐地成长，就是我最大的心愿呀"！

这是一个单亲爸爸写给儿子的信，听完爸爸的信，孩子真的不再挑食，原来最不愿意吃的茄子，都会盛上一些，慢慢地吃起来。

"宝贝，妈妈最不能忘记的就是你三岁时在同仁医院摘除了鼻腺，妈妈站在手术室的外面，看着柔弱的你躺在手术台上，安静的脸上淌着泪珠，麻药已经起效，可是刚刚你震天的哭声，依然撕扯着妈妈的心呀！妈妈真希望能够代替你去接受手术……虽然成长的路上，经历了种种磨难，我的宝贝都坚强地挺了过来，妈妈祝福你，我深爱的宝贝！"

读完这封信，同为母亲的我在学生面前流下了热泪，孩子们也都热泪盈眶，这位小朋友已泣不成声，她说："妈妈，我知道您特别爱我，我会更坚强的，请您放心……"

读完之后，我请孩子们谈感受。有的孩子说，我觉得她的爸爸妈妈是世界上最好的，因为他们那样爱自己的孩子；有的说，她的爸爸妈妈最负责任；

有的说，我们都是你的好朋友。

我对孩子们说：世界上没有一个人能像爸爸妈妈那样去爱你、关心你，他们像一座山，把困难挡在前面，把幸福留给你，有什么困难他们都会帮你解决，有什么快乐，都会真心地和你分享。从今天起，你们好好地去爱你们的爸爸妈妈，每天为他们做一件事。世界上也没有人像老师这样无私地把知识传授给你，你不会，老师会想方设法帮助你，因为老师希望自己的学生是最出色的。你们好好学习、好好做人就是对老师和家长最大的回报。

洋溢着幸福，充满着期待，饱含着艰辛，涓涓的母爱、如山的父爱感染着每一个孩子，也净化着我。我和孩子们一起，每天都期待这一时刻，他们就像听故事一样静心聆听，听着听着，他们发现这个故事的主人公是自己，脸上开始洋溢幸福的微笑，享受着母爱、父爱的甜蜜，有时会感动地流泪，有时会开心地大笑。这种感恩的教育是任何外在的教育都比不了的，因为这些事就发生在他们的身边，发生在每一天，他们就是故事的主人公，他们感受到父母对他们的爱，对他们的期盼。尽管有时伴随着严厉的批评，但是他们听到了批评背后父母的心声。为了使活动有效果，每天读一个故事后，我会请孩子为家长做一件事，开始时具体规定为做家务：盛饭、洗碗、叠被子、拿拖鞋、扫地、擦桌椅，等等。同时借助节假日，让孩子画一幅画，对家长说一句感恩的话。慢慢地，随着活动的深入，每天做的一件事不再规定得那么具体，有时是"做一件使家长快乐的事"，有时是"做一件使家长感到幸福的事"，有时是"做一件让家长意想不到的好事"，等等。有的孩子开始学习魔术，学讲笑话，学习做贺卡，甚至有的孩子还偷偷向妈妈学习做沙拉，等等。课余时间，孩子有滋有味地交流为家长做什么事了，家长是什么反应，研究怎样为家庭服务，甚至有的孩子开始主动为班级服务。课间打闹现象减少了，家长感动的短信却增多了。

有的家长说："万老师您好：我昨晚在校友录中听到了您读信的录音，太让我们感到意外了！谢谢您，对孩子们心灵的感染！函弛像一下子长大了，更懂事了，抢着帮我干活。我们和孩子都觉得，能遇到您这样一位用心去爱孩子的好老师太幸运了！"

有的说："非常感谢老师那么用心地引导孩子理解家长对他们的爱，听了孩子们的反响,我自己都很感动。很庆幸飞扬能够上三小,能够在9班。老师辛苦了,向您致敬!"

有的说:"我也忍不住哭了!感谢万老师无私的爱!感谢孩子们纯真的心!充满爱的大家庭一定是最幸福最棒的!我们所有的爸爸妈妈都是你们坚强的后盾!"

有一位老人发来短信:"以前,我从没有和老师联系过,但这次,我要给您发个短信,因为您是在用心、用爱做教育,有时间我一定去看看您。"

还有的家长写道:"昨天下班,我特别累,回到家就躺在沙发上休息了。儿子见了,赶紧回自己屋里拿出被子给我盖在身上,还用小手摸摸我的头。当时我享受着孩子的爱,一天的疲劳都不存在了。老师,孩子心里有我,我太感动了。"

还有一位家长周六早上8:00给我发来短信,她这样写道:"万老师,我是在哭着给您发这条短信,您知道,我是一个人带着双胞胎,其中的艰辛您应该能体会到。可是今天,我觉得,我再辛苦也值了。早上,我骑车送两个孩子上英语,天上下着蒙蒙细雨,我的前面衣服都湿了。两个孩子在后面没有感觉到,下车后,他们很惊讶:'妈妈,您怎么都淋湿了?'我迫不及待地看他们淋到没有,孩子带着哭音说:'妈妈,您真像一座山,帮我们遮风挡雨,我们一定要好好爱您。长大,我们为您遮风挡雨。'……"

就是在这种心与心的交流中,孩子们心中迸发出感恩的火花。我最希望看到的就是这种变化。家长在变,不仅督促孩子学习,同时也关注孩子的思想,关注孩子成长中遇到的困惑,成为他们的大朋友;孩子也在变,知道父母的艰辛,懂得感恩与回报;大家都在变,通过心对心地沟通,将彼此拉得更近。

第二阶段:改变家长的心态

孩子在活动中学会了感恩,怎样让家长也为孩子着想呢?我在学生中发出倡议:写一句悄悄话或者是一个心愿,可以是针对父母的,也可以是针对老师的。写出平时不愿意说的或是不敢说的话,也许哪天你就能实现自己的愿望。有的孩子这样写道:"爸爸妈妈,你们知道天底下我最不愿意干的事是什么吗?那就是学'奥数'!"有的写:"我想玩,可是我的课外班太多了,真想回到幼儿园。"有的写:"妈妈,我想每天看《喜羊羊与灰太郎》,真希望您能同意。"还有的写:"××经常打我,希望他从我的眼前消失。"这就是一年级孩子简单而朴素的心愿。针对孩子的心声,我和家长及时沟通,探讨利害关系,尽量让孩子们度过愉快的童年时光。让孩子们感到惊奇的是,许多人的"悄悄话"在一个星期内慢慢地实现了,于是有更多的"悄悄话"写了出来,他们感觉到有人在用心地倾听。慢慢地,"悄悄话"又没有了,因为他们的大朋友多了起来,有人开始尊重他们的意见,和他们商讨他们的未来。生活像一个万花筒,学习只是它其中的一个花瓣。没有一个健康向上的人格,没有对生活充满向往和期待的健康心理,学习再好,工作再好,也是不幸福的,说不定还会危害社会。知识重要,做人更重要。

我们的活动远远没有结束,作为班主任,我愿意在孩子和家长之间架起一道靓丽的彩虹桥。

博客回应

谢谢万老师的分享,仿佛看到了自己和孩子的影子一般,真的很感动!我们都这么爱自己的孩子,希望他们"好"。可是今天,来自方方面面的压力让我们的爱背负了太多,我们和孩子都不堪重负。让我们回归到对孩子最初的爱,回想他们刚刚出生时,他们的一个微笑,一个动作,一个眼神,甚至一次哭闹,都会那么令我们激动,让我们高兴!我想,这是我们对孩子最单纯的爱,没有任何的附加条件!老师提到了孩子对父母的感恩,我认为就是"孝"。"百善孝为先",一个孝敬父母的孩子,才可能去尊敬师长,团结同学,努力学习,将来认真做事,做个对社会有用的人。我认为,这些是我们和孩子最需要的,并不遥远,但需要我们用心去做!

——芮彤妈妈

"开学一月摧垮 6 年教育观"

——"我与孩子共同走过的一个月"倡议

2012 年 10 月 14 日　星期日　晴

周五下午教代会上,校长提到一篇文章《开学一月摧垮 6 年教育观》。回到家从网上搜到,仔细阅读,相信这是一部分新生家长的心理。

作为老师,我从不回避这类问题,因为我深知自己肩上的责任,老师担负的不仅仅是一个孩子,也不单单是一个家庭,而是一个社会。我也不想品评任何人的观点,因为我不是其中的任何一方当事人,不了解事实就没有发言权。

但是,我想说我由此想到的问题:我们应该把教育放大看,当我们有目标时,我们的教育才会找到根基。知识会随着年龄的增长一点点积累,可是做人却是一个潜移默化的过程,我不希望我的孩子们将来只是一个"有技能,无内涵"的人。技能可以突击训练,而内涵需要一个漫长的培养过程,我希望我的孩子们首先是一个有公德的人,是一个心中有他人的人,是一个对社会有贡献而不是一味索取的人,是一个会欣赏、用积极心态面对世界的人,是一个眼中时刻有美景的人,是一个以书为友有韵味的人,更是一个懂得生活用心感受幸福的人!虽然我不能预知未来,但是我心中有目标,我会带领我的孩子们和我一起努力!

作为母亲,我也不会自私地把孩子据为己有,我会时不时和她保持距离。因为,她首先是社会中的人,她的将来不只属于我自己。她具备走向社会的能力吗?其次,她才是我的女儿!从社会中回归家庭。她孝顺吗?有责任感吗?

我们这一代兄弟姐妹比较多,父母没有时间,是大带小成长起来的;现在这一代,是六个看一个成长起来的。六个成人每人都有一套理论,现在的教育书籍、教育理论多且杂,再参照一些,一个孩子成了六个人的"试验品"。一般的思维是孩子的幸福往往寄托在父母身上,父母未来的幸福往往也寄托在孩子身上。这造成现在的父母努力打拼，夜以继日地工作，失去了陪护孩子的时间，把孩子"寄存"在老人家里或者保姆身边，孩子成长中的每一分快乐父母享受不到。父母们把努力工作的艰辛以及对孩子的愧疚，全部变成希望，又把希望的重压全部给了孩子，间接转嫁给学校、老师。当家长的希望与现实稍有偏差，又没有及时沟通，没有达到相互理解、换位思考时，就会有不同的声音。

但是，我们欢迎这样的声音，因为没有讨论就没有进步！

孩子进入一年级，我们都在互相适应——孩子适应学校、适应老师；家长适应孩子、适应学校、适应老师；老师适应社会、适应学校、适应孩子、适应家长。这些适应就是在不断的磨合、沟通、理解中实现的。相信家长们陪伴孩子走过一个月，也有不同的感受，不同的成长，我们就以"我与孩子共同走过的一个月"为题，审视一下我们走过的路，谈谈我们的感受，不为别的，为了孩子。让我们家、校的教育相互沟通、相互理解，尽量趋于一致！

博客回应

看万老师提到的那篇文章时顺便看了些网友的评论，对有的评论不认同，但有两篇真的让我觉得说到心里去了。一个网友说：一个人的个性不是在生活中处处与众不同，而是她看待事物的态度和角度。我觉得太对了，我一直认同曾经看过的一句话：你开不开心不在于别人，而是在于你自己。我觉得给孩子最重要的不是知识和技能，而是对待事物的看法和态度。还有一篇太长了，所以我就不复制过来了。国内的学校教育在不断地吸收国外的做法，在不断地改进，我对于这个学校的做法没有太大的异议。比如，学校统一学生在校内使用用品是有好处的。如果各家想用什么就用什么的话，一则学校的面貌、各班级的风貌都会显得零乱、不美观。更重要的一点，孩子们之间容易相互攀比，统一用品，没有贵贱之分，有什么不好呢？学校教育不仅仅针对王家、李家……学校是一个整体。因为孩子刚上学，很多事情记不住，自己

> 管理不了自己,学校第二天需要什么,老师用短信的方式通知家长,是一种很好的方法,本人非常赞同。当孩子成长到一定年龄,估计老师不会再发这样的短信的。没有必要否认学校的做法。孩子的成长关系到三个方面:学校、家庭与社会。孩子成为什么样的人,家长的作用依旧是很大的。
>
> ——思薇妈妈

附

也读《开学一月摧垮6年教育观》

——开学一个月有感

万老师的倡议激起了我的共鸣,最近也是看了很多家长的讨论,大部分家长是对孩子初入小学有深深的不适应和不理解的感觉。

读了《开学一个月摧垮6年教育观》的博文,对文中家长的很多观点都不敢苟同。首先,这里不得不说,我的孩子真的很幸运,进入这所优秀的小学,遇到优秀的校长和老师。否则,我的感想也不会这么强烈地与其不同。针对那篇博文,我想说的是:1.当今的社会已经从各个方面把这群"00后"磨得很有棱角了,他们非常自我,又缺乏满足感,什么都是很容易就得到。不用我们费心告诉,他就是"独一无二"的。所以这群孩子急需规则教育,学校创造了这个环境让他们知道令行禁止,知道你的周围还有别人,跟你一样却又不一样的同龄人,知道尊重别人才能得到别人的尊重,知道做错事要有惩罚,知道人就要负责任,知道遵守规矩。这是必需的,如果没有这样的传统教育削一削他们过于锋利的棱角,"00后"的未来将不堪一击。2.小学教育初期,孩子和家长的不适应是必然的,谁都要经历一次这样脱胎换骨般的调教。所以孩子上学了,我们家长首先要自我教育好,跟上节奏。制度是约束人行为的准则,不管到哪里、做什么都要有约束,否则将是一盘散沙。这么小的孩子，约束对他们来说是抽象的，经常会忘记。所以关键就是老师的方法，如果一味强硬地约束，孩子会因不理解而更加逆反，如果像我们的老师这样，抓住孩子的心理，顺着他们脾气的纹理，不厌其烦、不动声色地给予梳理，孩子会慢慢体会出对与错，并学会约束自己。这是一个过程，当遇上有经验并且爱孩子的好老师时，这便是一个愉快的过程。3. 班集体是大家的，对班级的贡献是培养孩子从小愿意与人分享这一良好美德的机会。"00后"太自我，在班级生活中，让他们眼里有别人，眼里有集体，这样的集体教育是必不可少的。每个人都伸出自己的小手，班级就是一个温暖的大家庭。

有规矩才能成方圆，但不是说规矩就是用条条框框束缚住你。因为新入学的孩子还没有形成规矩的基础，所以学校帮助他们形成规矩。整齐的本子，规范的书写，统一的制服，这也是在帮助孩子形成集体形成规矩的一个因素。当然，可能有的学校、有的老师是一味地"一刀切"，一定要怎样怎样，但是我们很幸运，我们的老师帮我们买好了各科需要的本子，给我们建议而不是要求准备什么样的文具。作为家长，当我在开学前的几天里，每天抽出时间给孩子包书皮、本皮，写封面的时候，我有的是喜悦，而不是抱怨，仿佛自己又重新开始上小学了。包书皮的时候，我没用塑料皮套，而是买了比较结实的那种自黏性的透明的书皮纸，需要用我们小时候包书皮的方法折叠裁剪再贴压，工序比用买来的塑料套要更费精力和时间。但是我知道，塑料套可能会经常摩擦书面本面，而且容易撕裂，这种压膜式的包书皮就像给书本穿上压塑衣，可以保存很久，不管淘气的儿子如何折腾、翻看，书都还是完好无损。从小我就跟他说，书是神圣的，一定要爱惜，更何况是跟你朝夕相处的课本。这种书皮包起来很繁琐，但是我享受其中。写本皮的时候，爸爸负责包白纸，我负责写封面，我们都乐在其中，在孩子面前充分发挥自己的强项。爸爸把白纸包得规规矩矩、整整齐齐，我把封面写得工工整整，还用尺子打横线。孩子看了都说："整整齐齐真好，我以后用本写字的时候心情都会好的。"

我不是老师，我只是个淘气孩子的妈妈，但是我很支持我们的学校、我们的班级、我们老师的教育方法。我深深知道，我的孩子需要规矩，需要束缚，因为他还是一棵正在成长的小苗，没有规矩他就会长歪。我也知道，我的孩子将来一定比我有创造力,有独立性,有更加积极坚韧的性格,因为他们是"00后",他们所在的社会比我们那时候更加厚重,更加有浮力。

泊然妈妈

  我们确实应该这样理性地思考一下!规则与自由、个性与制度并不矛盾,换一种心态就是换一种人生。陪伴孩子一起成长,其实也是一种幸福,让我们有机会重温童年!我们应该感谢我们的孩子。不过,我的"童年"可能会伴我一生,因为我的小天使们每天都围绕在我身边!

——万老师

清源活水　润物无声

2012 年 10 月 19 日　星期五　晴

"清源活水，润物无声"，这就是我的教育观点。

今天的家长会上我们一同观看了《我们拥有孩子多少年？》，让我们珍惜现在拥有的一切！

今天，孩子们完成了入学以来的第一份试卷，我帮孩子们分析了试卷上存在的问题。

问题一：漏题，喜欢的题做，不喜欢的题跳过。这些孩子比较有个性，比较自我、有主见。他们心里还有一些躁动，像是有什么事牵动着他们的心静不下来。训练方法：回到家先让孩子在楼下跑一跑，释放完能量后，每天穿一串小手镯，或者画一幅画，适当做一些安静、细致、有条理的活动。同时教给孩子做题的方法，让他们有条理、按顺序认真完成。

问题二：孩子课上听讲后没有及时复习，或者听讲不专心，造成做题时没有把课上讲的方法运用上去，也就是我们平时说的理论与实践脱节，造成答题不完整、不准确，对题意的理解跑偏，等等。训练方法：1.可以在家里准备块小黑板，让孩子每天把老师讲的内容给家里人讲一遍，这样一方面复习了课上学的知识，培养了表达能力；另一面，孩子带着任务听讲会更专心，还能提高孩子的学习兴趣。2.孩子做题时，先想要求再去完成，不盲目做题。

问题三：孩子认字比较少，读题困难，不能理解题意。训练方法：阅读是孩子成长不可缺少的，要每天有读书时间，包括读读数学书和试卷，在复习巩固的同时把上面的字标认清楚，理解一下题目要求。

根据这份试卷和家长探讨了平时数学学习方面的一些方法指导。带领孩子进行"复习、作业、预习"三步走，每天坚持就会养成良好习惯。同时向家长们汇报了课上对孩子们进行听说读写训练情况。

为了避免一言堂，今天的家长会采用家长们分组讨论交流的形式，没想到大家讨论热烈，大有意犹未尽之势。今天只是一个尝试，给大家留出 15

分钟讨论，话题是"家庭教育中遇到的问题"和"家庭教育中的成功经验"，都是家长们比较关心的话题。之后六个小组分别派一个代表做四分钟的发言。

第一组谈到两个话题：一是如何指导孩子读题——每天带着孩子多读数学书中的题目要求，并且理解题意；二是当孩子的学习效果要打折扣的时候，要树立家长的权威，在学校听老师的，在家里听家长的，这一点上没有道理可讲。第二组谈到爸爸在孩子教育中的作用，爸爸理性的爱是该立规矩立规矩。九岁之前的孩子没有对错观念，当孩子犯错误的时候，就让他"坐冷板凳"，让他知道这样做是错的。顺着这个话题，我向家长们推荐一本书《优秀是训练出来的》，可以互相借阅看一下。我们可以开一个读书沙龙，大家也可以互相推荐一些教育方面的好书，我们共读一本书，然后再进行讨论交流，相信也会很有意思。第三组家长提到背诵古诗、课外阅读、识字的协调问题。悦扬妈妈为大家提供了背诵古诗的好方法，一周背诵五首古诗，第一天就先把这五首古诗多读几遍，每天都读这五首，一周下来就自然而然地背下来了。第四组家长谈到学习时间上比较矛盾，以及对英语学习的一些困惑。低年级英语以口语为主，随堂检验。成功经验就是采用一些评价方法，家长买来小贴花，根据孩子课堂回答问题的情况进行发放，十个小的换一个大的，以此提高孩子的兴趣。第五组重点讨论了家委活动，同时就孩子对《雪花》这本书掌握的尺度有一个探讨。其实孩子多积累点东西对他们将来的写作很有好处，根据孩子的情况量力而行吧！第六组介绍了背《雪花》的成功经验：妈妈和孩子一起编成小动作以帮助背诵，孩子有兴趣，背得就快。

看！有心的家长太多了，每位家长都是教育孩子的高手，只要我们多花一些心思，总有一些惊喜在等待我们！我们的讨论并没有结束，这里就是一个平台，大家还可以继续分享我们的成功经验，也可以把我们的困惑提出来，大家一起想办法解决！

越来越感觉到我们这个大家庭的温馨，我们家长朋友们的可敬！

今天家长委员会正式成立了，在这之前就做了大量的工作，每位成员都尽心尽力，希望大家支持他们的工作，需要大家支援的时候，也希望每一位义不容辞，因为我们都是为了深爱着的这 42 个孩子。其实想一想，是缘分让我们成为一个密不可分的大家庭，我们由一个孩子的爸爸妈妈一下变成了42个孩子的爸爸妈妈。看，我们多么富有，就把他们都当成自己的孩子来爱吧！

博客回应

　　第一次以这种形式开家长会，以前总认为家长会老师在前面讲，家长在下面听，没想到原来家长会还可以这样开，有机会让所有家长讲出自己的困惑，大家出谋划策。我们可以互相学习如何做好家长。谢谢老师的用心！

——9班家长

舍 得

2012 年 10 月 20 日　星期六　晴

　　舍得，舍得，有舍才有得！

　　许多妈妈向我咨询课外班的问题。一年级孩子入学本身就要有一个适应的过程，从以玩为主到以学为主，从 30 分钟上课时间到 40 分钟，从没有作业到有作业，等等。先让孩子适应这种变化，再根据孩子的喜好适当参加课外班，给他一个缓冲的时间，避免任务太多造成"死机"。有的家长相互交流，听到一些孩子学这个学那个，心情急躁，怕自己的孩子落后在起跑线上，一厢情愿地给孩子报了多个课外班，把休息的时间排得满满的。如此一来，孩子既要适应学校的生活，又要去适应课外班的学习，一趟趟赶场，所有的事都在家长的催促下完成，压力太大，导致孩子烦躁、毛躁、浮躁、不能静下心来做事。课外班有家长陪同，一个盯一个地看着孩子学习，孩子没有可以放松的时间；而到学校之后没有人盯着，一些孩子就开始松懈，造成不认真听讲、写作业磨蹭，这种习惯不利于孩子的后续发展。因此奉劝家长，我们要给孩子发呆的时间，要给孩子游戏的时间，要让孩子学会自己规划生活。这也是成长中不可缺少的！我们应当根据孩子的情况适当取舍，有舍才有得！

博客回应

　　万老师说的这些现象确实存在，我现在往家打电话，孩子忙得没有时间接我电话，要不在上课，要不在弹钢琴，或者在去上课的路上。真该给孩子更多自己的时间了。我跟景晨妈妈商量一下，该精简的课外内容坚决砍掉。

——景晨爸爸

反思"家长开放日"

2012年10月23日　星期二　晴

> 有两样东西，我们越思考，就越感到敬畏，那就是我们头顶灿烂的星空和我们心中的道德。
> ——康　德

感谢家长们抽出时间参加我们的"家长开放日"，来了解我们的孩子。今天的"家长开放日"可以说是一个绝对真实的课堂，为什么这样说呢？平时上课，为了培养、训练孩子们的听说读写习惯，培养他们积极参与的意识，创设良好的思考氛围，我们除了在课堂教学的设计上下功夫以外，增加了多种评价机制："小组评价"培养学生的集体荣誉感和凝聚力，同时对一些规则意识淡薄的同学也是一个促进（有的同学活泼好动，相应纪律意识淡漠）；"金耳朵""金话筒"激励孩子积极发言（有的同学课堂学习比较被动，不爱发言，需要相应的激励）。这些评价机制的引入会帮助孩子们养成良好的习惯。

昨天晚上思考了一个问题：家长开放日是给家长们呈现一个我正在着力训练的课堂，还是一个剔除外部影响、还原孩子本真的课堂。经过思想斗争，我选择了后者，因为我想这样更利于家长对孩子进行了解，明确我们今后共同教育的目标。

我们看到，一些同学经过一个月的培养，能够遵守课堂纪律，积极举手发言，说明这些同学已经固化了训练的成果。还有一些同学失去了评价这个外力的干扰，自己的"原生态"就暴露无遗了，这些同学也是我们所有任课老师每节课都重点关注的对象。我们很清楚，活泼好动是孩子的天性，但是有些时候还是要有一定的自控力。其实，制度往往都是给少数人定的，当大家都自觉遵守的时候，制度就没有意义了。我们看到了孩子们的课堂表现：有的同学看到家长表现出我们俗称的"人来疯"，有的同学沉默不语，有的同学专心听讲积极发言。没有制度（评价机制）的约束，这就是孩子们的本真。

第一种："人来疯"。这种孩子心中缺少敬畏，什么都不怕，这也是孩子越大越难管的直接原因。现在就要对孩子有一定的约束，就像家长会上第二组的家长谈到的爸爸在孩子教育中的作用，爸爸理性的爱就是该立规矩立规矩，九岁之前的孩子没有对错观念，当孩子犯错误的时候，就让他"坐冷板凳"，让他知道哪些是该做的，哪些是错的，什么时间该做什么事，什么时间不该做什么事。现在我们意识到这个问题还不晚，就怕我们家长总担心对孩子造成伤害，结果不敢这样做，不敢那样做。其实对孩子的纵容才是对孩子的最大伤害。孩子的德、行是一点一点培养出来的，孩子心中有什么，就会表现出来什么。从现在起，我们要让孩子心中有纪律，心中有敬畏，将来成为有公德、有社会责任感的人。

  第二种：沉默不语。平时课堂如果不用"金话筒"来激励，他们基本上是不会主动说话的。今天有一位家长谈到应该叫没有举手的同学回答问题，其实我注意到了这一点。平时上课，不举手的同学也会被叫到，不会说，就算是听同学说再重复一遍，也要学着说。今天我也力图叫一些没有举手的，叫到博文，结果可能那个问题他没有想好，显得比较尴尬；后面没有举手的同学，如佳轩、伯缘、雨濛、慧羽、霁扬、晓余等，怕他们在家长面前万一答不出来会有些失落，保护了一下他们的自尊心，就没有再叫，但是我都记着是谁，回到教室课堂上又提问了他们。不爱举手发言的同学有可能没有专心听讲，有可能思考问题的习惯得加强培养，还有可能是不够自信。这部分孩子的家长就要回去多听孩子讲，孩子心里有底了，也就有信心了，自然就有表现的欲望了，这需要我们共同培养。很欣慰的是，大部分同学专心听讲，积极发言，说明这些习惯已经固化下来了。

  家长看到了自己孩子的表现，那我们就家校合力，家长们根据家长会上提供的方法有针对性地训练，我也会继续有针对性地培养孩子们的各项能力。希望在我们的共同教育下，尽快看到孩子们的变化。

博客回应

  终于抢到沙发了！今天佳轩爸爸听完课回来后很是感慨，说没想到老师把前和后这么简单的概念讲得那么生动，而且在这之中孩子们可以学到很多值得思考的东西，而不仅仅局限于这两个概念本身，他自己听了都大受启发。第二个感慨是面对这些半大的孩子需要极大的耐心，既要维持课堂纪律，又要保护孩子的积极性。第三个感慨是万老师站在讲台上神采奕奕啊！也提到佳轩没有积极举手回答问题，看来又需要我发现原因，自我修炼了！这次的"家长开放日"让我们对孩子在学校的生活充满信心！

——佳轩妈妈

个体——集体（2）

2012 年 11 月 10 日 星期六 雨

我们都知道，独唱唱得好的人，很难再适应合唱。因为，他已经习惯了一枝独秀，他的声音很难融入和谐的和声中去。同理，当我们的孩子个性极强的时候，也很难融入集体。我们并不想抹杀孩子的创造力和得天独厚的个性，我们也很清楚，也许孩子的个性将来会成就他的一番事业，成为下一个爱迪生、陈景润、牛顿、华罗庚……但是，孩子在集体中生活，一些必要的规则应该遵守，这也是孩子走入社会遵守公德的一个雏形。

上课铃声响了，马上坐好等待上课，而不是还在座位上吃三喝四，或者尽自己的心情释放自己的好奇。节约时间就是收获，老师不用组织教学，课上 40 分钟就能充分利用，和孩子们一起探讨有意思的知识。如果老师一节课有十分钟的时间用来管理孩子的纪律，提醒沉浸在自己小世界里的同学——不提醒，孩子自己损失了一节课的时间；提醒了，损失同学们的时间——那么，老师传授知识的时间就会相应减少。给孩子讲清其间的利害关系是孩子入学时老师的必备功课之一，要让他们明白，这时候个体就要服从集体。课上，老师的问题孩子可以有个性地解答，这正是发挥孩子个性的时候。充分利用课堂的 40 分钟是孩子会学习的前提，最起码做到不影响他人。这就是孩子世界的公德，也是我们常说的规则、公约等。孩子的个性还可以在各种有意思的活动中充分体现。别出心裁的恶作剧不是个性，不遵守规则、缺失公德也不是个性。"在所有人遵守公德时，我不遵守就是个性"的观点也是错误的。我们心中要有一个定位，对孩子的培养才会有一个定位；我们心中有他人，潜移默化地影响孩子，孩子心中才会有他人。

课间，要做适当的游戏。学校也是一个公共场合，孩子肆意地大声喧哗、打闹会给其他同学带来安全隐患，影响其他人的正常休息。提醒孩子注意文明行为，这也是遵守公德。有的家长平时只重视对孩子个性的培养，而缺乏公德方面的教育，孩子来到学校这个集体环境就会感到受约束，很不适应，家长又没有意识到孩子问题出现的根源，就会觉得老师是不是不喜欢我们孩子，怎么总是提醒他呀？殊不知，在老师心里，只要这些孩子进入这个班，就都成了自己的亲孩子了，老师也成了他们的亲妈。老师会关注每一个孩子，给他们各种展示的机会来充分调动孩子的积极性，让他们的个性得以张扬。老师有时就像交通警察，维持一下秩序，有"酒后驾车"的就要管理，并没有喜欢谁、不喜欢谁的问题。孩子在家没有横向比较，到了学校就会体会到与在家里不一样的地方。老师对孩子的管理都事出有因，我们得正确对待这些问题。孩子就像正在成长的小树，有许多没有用的枝枝杈杈争夺营养，我们就是养护他的人，帮他把争夺营养的枝杈修理掉，小树才能茁壮成长，成为有用之材，否则只能任其长荒了，当成劈柴烧掉。有的家长可能更喜欢给孩子形成一个保护罩，认为我的教育永远是对的，别人说一点不好，都不可以。把所有人都排斥在罩外，也就把自己的孩子孤立起来了。看到孩子的问题，我们不要无原则地袒护，该管要敢于管，这不是伤孩子的自尊。孩子不是一个人的，不是一个家庭的，他必将脱离家庭走入社会，我们不仅要对家庭负责，还要对社会负责。

我们可以做这样一项测试，问问孩子：你在班中的好朋友是谁，为什么你愿意和他成为朋友。看看哪些同学还没有自己的好朋友，快帮他找找原因！

对孩子的教育应当是多边的——家庭、学校、社会，缺失哪一边都会导致畸形，只有各方趋于和谐，老师和家长之间沟通通畅，教育趋于一致，才会推动孩子走得更远！

致家长们的一封信（1）

2012 年 11 月 18 日　星期日　多云

各位家长朋友们：

你们好！

开学两个月了，有很多话想和你们说，可是平时大家都很忙，不得机会，我们就在这里聊一聊吧！

我总认为，读书、思考、沟通是让人内心强大的三大法宝。

读书可以让人静心、静气、修身养性，"腹有诗书气自华"。我们从书中读到别人的思想精华、人生感悟，可以让我们登着巨人的肩膀攀登！

亲爱的大朋友们可以读一读《傅雷家书》《哈佛家训》。傅雷先生是一代宗师，治学严谨，治家也不例外。这本书收集了傅雷写给儿子的 180 多封家信，洋洋洒洒数万字，字字爱意涌动。每一个读过的人，无不为傅雷先生爱子、教子的情之深切所感动。《哈佛家训》是一套系统全面的家教经典，它不但给我们的孩子指引了正确的生活方向，而且是一部成人的修身指南，改变命运的智慧经典。

亲爱的小朋友们的拼音验收已经结束，可以让他们读一些注音读物《海底两万里》《爱丽斯梦游仙境》《柳林风声》，认字多的小朋友还可以读读《窗边的小豆豆》，一些漫画、连环画只为了消遣，不建议多看。

当我们家长和孩子们一起阅读的时候，空气也会变得甜蜜、温馨，会让我们的孩子静心、静气。那么什么时间阅读呢？这就看我们的"调剂师"如何进行调剂了。每个家庭里都有一个主导，这个人的喜怒哀乐会影响一家人的情绪，这个主导就是调剂师。孩子放学回来，可以先休息 20 分钟，吃吃水果、喝喝水、去一下卫生间。这时往往是家长做饭的时间。20 分钟结束，我们的晚饭一般就做好了。共进晚餐之后，孩子们专心写作业，家长朋友们就可以在孩子可视范围内看书，这样孩子的心也是静的，因为他知道自己的父母也在学习、工作，这样孩子也会专注地做事，效率高。反之，如果我们的家长在看电视、打游戏、聊天，就会分孩子的心，他们也想敷衍着完成自己的作业加入进来，这样孩子完成的作业就错误百出，效率极低，或者有可能两三个小时也不能完成。孩子完成作业、自己检查之后，家长再看一遍，了解他学习的情况，做到心中有数，帮孩子把错题积累，以便后面复习。每一件事都要做得有条理、稳健，这是对孩子最有利的影响。之后和孩子一起坐下来读半小时的书。养成习惯，书就会成为孩子的朋友。下学期我们要开展"我最喜欢的图书"推荐活动，每位同学都有机会参加，现在就让孩子准备吧！

读书还会使一些喜欢打闹的孩子静心，静能生慧。那些爱吵爱闹的孩子，他们的心扉是闭塞的，他们的眼里只看见自己，耳朵只听见自己。要做聪明的孩子，耳聪才能目明，要虚心听，用心看。有的家长苦恼于管不了自己的孩子，他们对孩子的管理就是唠叨，孩子听腻了、听烦了，就不听了，于是这样的家长所剩的"武器"就只有拿出自己长辈的权威对孩子吼叫，但孩子还给他们的也是吼叫。我们何不尝试用一些古训、儿歌、经典故事给孩子讲讲道理，"以理服人"？教育孩子专注，可以用《毛泽东闹市读书》；教育孩子节约粮食，可以用《锄禾》；教育孩子明确读书目的，可以用《周总理为中华之崛起而读书》，等等。当然，我们的志向可以没有毛主席、周总理那样远大，但是这些故事对孩子的教育却是潜移默化的。

读书会开启我们的心智，而思考才会学为己用，才会使人成长。没事静下来回顾一下自己走过的路，看看别人走过的路，为自己定一个奋斗的目标，不管做什么事都朝着既定目标前进。这样，我们的生活才会充实，才不至于365天，天天如此。成人有职业倦怠期，孩子有学习倦怠期，怎样才能度过这个倦怠期？就我而言，这就要有新的思考、新的动力冲击我们。现在工作繁忙、学习紧张，什么时间思考？就我而言，睡觉前，我会在沙发上静坐半小时，什么都不干，回想一天的收获与失落，整理自己的思绪，为第二天计划一下，做一个简单的记录，让工作更得心应手，才不至于一天手忙脚乱。孩子也一样，不要每天给他安排得满满的，没有自己发呆的时间，其实孩子发呆也是在成长，是在梳理自己的思绪。

交流是我这一段时间做得最不够的事，也是我最心虚的地方。往年的这个时候，我几乎已经与每个学生的家长都聊过天了，但今年我现在才着手每天和五个孩子的家长聊天。

昨天和几位家长聊天，知道了这样一些情况：1. 孩子在学校完成作业和在家完成作业的效率截然不同。因为在家给孩子的干扰太多，造成他们不能专心做事，所以漏洞百出，家长和孩子在"打仗"中度过了本来美好的夜晚。2. 孩子在家里总想看电视，一些动画片充满了打斗，孩子到学校在课间就会模仿这些打斗，攻击性很强。3. 孩子刚开学时不太适应学校的活动，在老师的不断鼓励下，孩子现在特别喜欢上学。4. 孩子还没有找到自己心仪的朋友，希望老师给孩子创造机会。5. 孩子开始时没有各种规矩的意识，现在孩子的种种行为习惯的形成正处在上升趋势。

我会把这项活动继续下去，请没有聊的家长耐心等待。真心希望家长们能对我和学校的一些方法和要求提出真诚的建议和意见。鉴于上面的思考，我决定给大家写这封信。

希望我们的家长和孩子们还有我，大家共同努力，让我们的班级有文化、有内涵、有品位。这是我们的目标，我们大家朝着这个既定目标前进吧！

此致

敬礼！

爱你们每个人的万老师

每次读万老师的文章，就像品了一杯清茶，幽香满口，回味悠长。不仅对教育孩子大有益处，甚至连我自己都受益良多。能遇上万老师，能在氛围这么好的班集体学习、生活，真是孩子的福气。

是呀，家长自己都不读书，却要求孩子读书，孩子怎么可能读进去？一起阅读，分享读书的乐趣，孩子才会真的喜欢读书。

——钦浩妈妈

"奉献人生" or "索要人生"

2012 年 11 月 23 日　星期五　晴

今天下午有幸聆听了和谐医院的心理医生杨霞老师为我们做的讲座。她幽默风趣的语言、妙趣横生的案例，不仅为我扫除了一周的疲劳，也使我获益匪浅。分享一下吸引我的内容。

第一，好点子。

爱东张西望的孩子，可能是视觉正面模糊，两侧清晰，所以不能专注于一个地方，可以做抛接球的训练。

手爱搞小动作、爱打人的孩子，可以做拍球练习。开始拍一个数一个，到 30 多个之后默数，一直拍到 200 多个。

第二，好人缘。

一个人"奉献人生"还是"索要人生"？"奉献人生"的人会有大的回报，"索要人生"会让自己的圈子越来越窄。

第三，好心情。

会休息的人才会工作，打打球、爬爬山、游游泳来调剂我们的工作和心情。让我们试试吧！

答芮彤妈妈的问题（见本书《和孩子一起穿越》一文）：孩子们能在学校主动完成作业是非常好的事，我们很提倡，老师会在孩子写完学校作业的时候说一句，剩下的时间可以写家庭作业，希望孩子能主动学习，减轻孩子回家之后的负担。只要提醒孩子做之前读两遍题、理解题意之后，想想老师的要求再做，孩子基本不会应付作业，环境也是相对安静的。如果有问题，让孩子再说说思维过程，记录在改错本上，基本就不会再有下次了。

今天和一位家长聊天时，说孩子回家完成书写作业时很主动，但完成读、背的内容时会有些磨蹭。分析原因，主要是一年级孩子注意力集中的时间基本上是 30 分钟左右，孩子能坚持到 40 分钟写完作业已经非常棒了，可以让孩子稍稍活动一下，在屋子里溜达溜达、扫扫地、擦擦地（这个方法是今天听讲座时学到的),再继续学习,孩子的兴奋点会再度集中,效果会更好。

今天泊然教大家玩九连环,妈妈的制作水平越来越专业了,由于时间关系没有看完,我们可以在博客中一起学习。

博客回应

万老师的心理建议对我们很有帮助。我就发现孩子有时候会特别专注地做某件事,但并不是规规矩矩地坐好的样子,他背书或者思考的时候,特别喜欢做小动作,比如反复插盖笔帽,或者干脆在垫子上打着滚背书,如果让他规规矩矩地坐好反倒背不下来。所以,找到一种让孩子感觉舒适的方法来学习,会让他在早期产生学习的兴趣,而不是抵触情绪。之后循序渐进地修正一些不好的习惯,会比较有效果吧。

说到背书、背古诗,我觉得有一种方法很有效果,就是家长跟着一起背,可以两个人比赛着背,但是一定要装傻,假装背错几个字,让他发现,让他提出。然后当他觉得自己比大人背得还好的时候,他就更有自信,背得更好,更爱背了。当然,大人要偶尔几次背得很好,让他也发现自己的差距,因而更有动力。对了,万老师,改错本我们坚持一直在做,但是最近发现孩子有点惧怕改错本了。他总是说:这个错我记住了,下次肯定不会再犯了,这次能不写在改错本上吗?我给他的解释是:改错本是自己的财富,记的错误越多越说明我们在进步。他担心有一天改错本会让万老师看到,说他错误犯得太多,批评他。呵呵,孩子的小心思真不少。建议万老师有机会跟孩子们再解释一下改错本的作用,消除他们的紧张情绪,呵呵。

——泊然妈妈

非爱行为

2012年11月28日　星期三　晴

最近读了于丹的一篇文章《说是爱，其实不是》，其中谈到"非爱行为"。

文中描述了这样的场景：夫妻之间，一个对另一个说，你看看，我就是为了爱你，放弃了什么什么，我就是为了这个家，才怎么样怎么样，所以你必须对我如何如何；母亲对孩子说，你看看，自从生了你以后，我工作也落后了，人也变老变丑了，我一切都牺牲了，都是为了你，你为什么不好好念书呢？

大家可以回忆一下自己是否也对我们的孩子说过这样的话，我们是否也曾以爱的名义对最亲近的人进行过非爱性掠夺？

亲爱的家长们，让我们一起共勉。因为我们爱着身边的亲人，就把我们的爱默默奉献，换一些激励的话来勉励我们至亲的人吧！为他们付出，我们无需讨价还价，爱会给我们动力和勇气，足以为他们撑起一片天空！

博客回应

万老师的话让我如梦初醒，回想过去，我曾多次说过类似的话，对爱人、对孩子，现在才意识到自己犯的错误。前段时间因为经常出差，没能很好地照顾孩子，也没有很多地关注万老师的博文，最近终于可以一篇一篇地翻看了，但还没看完。细细品味，万老师的每句话都很有味道。我将"智者不惑、勇者无惧、诚者有信、仁者无敌"摘录下来，贴在我的办公桌前以自勉！

——科瑶妈妈

致家长们的一封信（2）

2013年2月21日　星期四

各位家长朋友们：

大家好！

是否准备好，陪伴我们的孩子起航？

您也许还徜徉在年的余味里，也许正在制订着自己新的工作计划……可否为我们孩子的下学期也制订个计划？计划不要太多，也不要太大，适合孩子的发展就好！

孩子放了一个月的假，全身心地放松。开学前两周，大家多关心一下孩子听讲的情况，每天回去抽时间听听孩子为您的讲解，从中发现问题，我们及时沟通，以便让孩子尽快进入状态。

上个学期，泊然妈妈和皓严妈妈为孩子们带来了课外书供大家阅读。那些书孩子们基本看遍了，有的也扯坏了，如果谁有时间可以和我一起来修补图书将不胜感激。同时我也将女儿小时看过的书整理出来带到班里供孩子们阅读，如果您家里还有一些比较好的书（连环画、漫画除外）也可以带一些过来丰富我们的书柜，开阔孩子们的视野。

告诉大家一个好消息！下个学期我们学校的阅览室将对同学们开放，我们班在3月份的每周二的管理班时间都会到那里去阅读，在温馨、雅静的氛围下体会阅读的美妙！我们准备开展"爱上阅读"活动，有哪位家长有阅读的好方法，欢迎周二管理班的时间（3:00—4:00）来带领孩子品味书香。我们的孩子需要您的陪伴！

伴随阅读活动，希望孩子们自己结队，能结合喜欢的小故事来编排课本剧或童话剧，和同学们分享。

同时，我们将开展"精彩三分钟活动"，孩子们利用每天中午时间就三个主题——"假期见闻""读书心得""推荐我喜欢的书"，展开演讲活动，锻炼孩子们的表达能力。

这学期,为大朋友们推荐几本书:龙应台的《亲爱的安德烈》《目送》《孩子你慢慢来》。

为小朋友们推荐几本书:《希利尔讲世界地理》《希利尔讲世界史》等系列图书。

我们就闲聊到这里,希望这个学期我们的班级更团结、温馨、有文化氛围!

此致

敬礼!

爱你们的万老师

时间过得真快,转眼又一个学期了,希望这个学期孩子们有更多收获,得到更多锻炼!

——祺妈

如果可以，请让我对你说声"对不起"

2013年2月28日　星期四

这是曾经的感受，孩子有疯狂的时候，让我们冷静地走进孩子的心灵，体会他们的感受，换位思考！

如果可以，请让我对你说声"对不起"。

孩子，你曾经无助的眼神、伤心的哭叫，虽然已过去很多年，但无时无刻不在提醒我，让我揭去"伪装"的爱，真心地去对待你们；让我知道教育不是强加，不是居高临下，不是一时的发泄；让我思考怎样走进你们的心灵，找到顺应学生发展的教育。时至今日，每每想起一句不经意的"吩咐"带给你的伤害，就觉得心灵深处隐隐阵痛，让我久久不能释怀。虽然当时老师摸着你的头说"是老师不好，伤害到你了"，可是我还是希望在你懂事的时候，能够对你说声对不起。

回想刚刚入学时你的敏感、多疑，喜欢把自己的东西散落在地上，记得方圆一平方米内都是你的物品，每当要用什么东西的时候都会临时到地上去寻找，好像地面就是你的大书包、大文具盒。我每天课前第一件事就是提醒你把东西捡起来收拾好。于是就会看到你忙不迭地开始捡东西，捡一样又会掉一样，到最后放到书包的也许就只有一件，其他的只是在地上变换了一个位置。同学们感到很有趣就会止不住地笑，于是你总是感觉别人在嘲笑你，便以扔自己的学习用品来发泄心中的愤怒。有一次，一向爱回答问题并急于得到别人认可的你，没有抢到第一个回答问题的机会，在课堂上大发雷霆，哭叫着把自己的书、本、铅笔盒狠狠地抛向空中，散落一地，有些同学也不幸被你击中。在上课的科任老师不明所以，把我请到教室。我感觉到你也被自己的行为吓坏了，可是倔强的你还在逞强，用更加疯狂的举动来掩饰内心的不安与脆弱，站在教室前面冲同学们发威。看着满地狼藉，想着你平时的所作所为，我也没有控制好自己的情绪，动用了老师的"威严"。虽然说话声音很低，但其中夹杂了我的"厌恶"："请你先冷静下来，把自己的东西捡起来。我们到教室外面谈，不要影响老师上课。"你在愤怒之时并不买我的账，我们就这样对峙着。在全班同学面前，我感觉自己的话是那样的没有力度，颜面尽失，为了挽回我的尊严，我开始给你限制时间："我数一、二、三，希望地面上没有你的东西，同时向被你砸到的同学道歉。"你依然那样看着我。我再次动用老师的"威严"："看来你不需要它们了，（我用眼睛看着旁边的同学）去，帮他收拾到纸篓里。"旁边的同学看看我，看看你，带着些嘲弄你的快感照我的吩咐去做。没想到你直接扑向纸篓，回头看着我发疯一样吼着："还我东西，还我东西！……"无助与伤心让你泪流满面。

  你无助的眼神刺激了我，让我顿时感受到什么叫"冲动是魔鬼"。我为刚刚的简单与粗暴做法懊悔不已，相信那时我在你的心里的形象已经不堪。我极力挽回自己的过失，语气缓和了许多，但仍尽力掩饰着自己的愧疚："你知道珍惜啦？"我示意旁边的同学把东西放回你的书包，把你和你的书包带出教室。"刚才我们太冲动了，老师有不对的地方，你的做法也有问题，我们先反省一下，现在我们两个来练习收拾书包。"就这样，我们在楼道里像做游戏一样把书包里的书本倒出来，再教你怎样有序地放进去，练习了足有十几次，你终于能够自己把书包里的物品收拾整齐。我们开始反思刚才的做法，找到你发脾气的原因是急于把自己的答案说出来，让大家认可你。其实，你每次精彩的回答已经让大家赞赏不已了，我们不能把课堂 40 钟全部据为己有吧？"这样吧，我们商量一下，以后的课堂中，该怎样处理好这个问题。"经过商榷，我们约法三章：1. 简单的问题你先听同学发言，如果有和大家不一样的想法，老师第一时间叫你；2. 比较难的问题老师第一个考虑你；3. 有总结性的发言也会叫你。你欣然接受。

  后来，你开始喜欢和我聊天，我们俩一起来体验"静能生慧"，学着冷静地处理问题。我喜欢你的奇思妙想，喜欢你的博览群书，有时，身为老师的我也自愧不如。你喜欢一边看着我做事，一边讲着你的故事。尽管这样，那个无助的眼神还是让我久久不能释怀，它时刻提醒我，老师的一言一行都是播种在孩子心里的种子，而这些种子应该永远是最好的种子。

  现在，我的爱不再"伪装"，我会走进孩子的心灵倾听他们的心声，我会顺应孩子的发展实施恰当的教育。这一切，都要感谢你。

不知道你现在在哪里,如果可以,我还是希望对你说一声"对不起",同时向你道一声"谢谢"!

博客回应

为什么教师被称作人类灵魂的工程师?我在万老师这里找到了答案。小学的教育,塑造孩子灵魂的根基至关重要,影响着孩子的一生。万老师此文用心细腻,文笔优美,感情真挚。有这样的一位好老师,每一个孩子定会修养良好,知识丰富,健康成长。

——子孟爸爸

懂得珍惜,懂得理解,值得尊敬,值得爱戴!好老师!

——铭宇妈妈

六七岁的孩子什么最重要

2013年3月7日　星期四　晴

六七岁的孩子究竟什么最重要？

知识到什么时候都重要，这一点毋庸置疑。俗话说，"活到老，学到老。"人一辈子都在学习，在获取知识，获取知识的能力当然更加重要。

让我们再想想，什么是过了这个阶段很难弥补的？品德、习惯、兴趣……一个习惯的养成一般需要一个月左右，最好有一个抓手，让我们学校和家庭都能操作，让大人孩子都能够遵守。静下心来，为孩子制订一个计划吧！

为了配合各位家长对孩子的习惯与品德教育。我也想借助我们的阅读平台，将《弟子规》《三字经》引入我们的习惯培养，开展"经典传承"活动。我们从中筛选出适合培养一年级小朋友的习惯，如："出必告，返必面""食不言，寝不语""父母呼，应勿缓；父母命，行勿懒"等十条。每周重点培养一个习惯，先解释经典，然后用一周的时间来践行这个习惯，并在以后坚持下去。

简单举个例子："出必告，返必面"这一习惯，可以利用一周时间养成。我们首先在阅读课上重点解释这句经典，说说在生活中怎样实施。然后请宣传委员将这句话做成一个标语贴在教室前面，每天请几个同学说一说在家的情况。家长回去之后也要配合孩子养成这个习惯。当然，不是过了这周就不再继续这样做了，我们要养成习惯，并一直坚持下去。

我相信只有这样，我们几千年流传下来的经典才会真正在孩子身上发挥作用。家、校真正达到合一，好习惯的形成就不是一件难事了。一年级没有进行完，二年级继续，做到细水长流。

这只是个简单的想法，想真正从孩子的长远发展考虑，做点有价值的事，也想听听大家的意见，谁看了博客，在接孩子时和其他家长们交流一下。让文明在我们身边开花！

非常赞成万老师的想法和提议。我们的孩子确实正处在很重要的"塑形期",错过了真的可能就会失去最好的机会。我的两个孩子就有许多好习惯需要培养,但是因为家长不忍心不坚持,虽然有想法可是往往不了了之。如果我们家里和学校能够共同订立培养好习惯的具体目标,在学校有老师监督,有小朋友竞赛,回家有家长督促执行,坚持下去,我想效果肯定会特别好。如此一来,孩子的收获将是巨大的,也能让我们这些"懒"家长不再有借口了。

就像万老师说的,我们可以从最基本的小事开始。今年暑假,我带着孩子们和他们从美国回来的小表姐生活了一段时间。这个十岁的小女孩的很多好习惯就让我感触很深。例如她在吃饭的时候从来不说话,总是安安静静地用餐;在吃自助餐时从来不浪费一点食物,每次都是吃多少取多少,而且最后肯定把自己盘子里的食物吃干净。这些虽然看似是小事,可是真的让你觉得面对的是一个很有教养的孩子。我们的孩子真的也太需要培养这些好习惯了。我想我们家长都会认同这一点,一定会认真参与这项活动的。

——天一、天畅妈妈

附

我谈"六七岁的孩子什么最重要"

六七岁的孩子什么最重要?这次,万老师提出了一个"大"问题,大家伙儿"摊上大事儿了",呵呵!

言归正传,看着问题,我想到了我家芮彤在这个阶段表现出来的一些特点。比如,对一切都似懂非懂,会问很多为什么,但大多数很"无厘头",不好回答;爱玩,好动,运动能力逐渐凸显;还没有养成某些特别的习惯,包括好习惯和坏习惯；开始对自己的未来有思考、有憧憬，比如想当老师，想当国家领导人，等等。

究其原因，我想大概是因为学校的生活开拓了他们的视野，让他们渐渐意识到自我的存在，形成了自己的观点；身体的发育让他们走得更远，跑得更快，爬得更高，因此他们对周围环境的探索也更全面了；知识的增长，比如识字量的增加、计算能力的提高，都让他们有机会看更多的书，思考更多的问题，就自己感兴趣的话题展开讨论；与此同时，他们也开始变得不好管，跟以前比不那么听话了。因此，尽快帮助他们培养好的品德、好的习惯，显得很重要。

我认为，学习知识固然重要，但品德和好习惯的培养永远是更重要的，尤其是对六七岁的孩子而言。《弟子规》是清朝李毓秀根据《论语·学而》第六条的文义编纂的，一共有八个章节，分别是："总序""入则孝""出则悌""谨""信""泛爱众""亲仁"和"余力学文"。首先，在这里把孝、悌等列在学文的前面，体现了中国古代对学生品德培养重于知识技能培养的观点。其次，《余力学文》的开篇——"不力行，但学文；长浮华，成何人"，以及"但力行，不学文；任己见，昧理真"，说到了学文的关键是要力行实践，如果不能身体力行孝、悌、谨、信、爱众、亲仁这些本分，一味地读死书，只能增长浮华的习气，对人的成长没有帮助。反过来，如果只是力行，不去学习，只依靠自己的偏见做事，也是蒙昧的、错误的。由此可见，教育的根本在于对孩子品德的培养，同时，品德的培养和知识的学习要通过力行跟实践结合起来，互相促进。

六七岁的孩子正处在生命的起步阶段，有着很强的参与意识、行动意识。俗话说，初生牛犊不怕虎。我们不应该把他们局限于对书本知识的学习方面，为了让他们走得更远，我们要帮助他们培养更优秀的品德，培养好的生活和学习习惯，那是他们将来立足社会的根本。

举个例子，这学期语文课本里有一篇文章讲邓小平爷爷种树，我觉得学习这篇文章时，如果我们不仅能够教会孩子认识几个字，学会一些描写春天的语句，还能启发他们绿化美化身边的环境，那就是在培养他们好的品德、好的习惯。我们可以带着孩子们去种树，或者自己养一盆花来美化环境，带着他们去实践书中的道理。慢慢地，孩子们会越来越爱护自然中的花草树木，关心人类生存的环境,我们就潜移默化地帮助他们建立了一个好习惯。一个热爱自然、热爱花草的人,一定会是一个有爱心、热爱生活的人。

人们说,"性格决定命运,习惯决定性格"。拥有好习惯,是孩子们拥有好的性格和命运的开始。

要做到这些太不容易了,不能仅凭学校或者家庭单方面的力量。要通过家校配合,在我们力所能及的范围内把课堂上的内容扩展得深一点、广一点,鼓励我们的孩子更多地实践,为他们养成好的习惯提供指引和机会,我们也许就可以实现对孩子的品德和知识技能的共同培养。

谨以我的一点体会和想法,提出来供大家讨论,并不代表我已经做到了。在教育孩子的道路上,我永远都在学习,向老师学,向其他的爸爸妈妈们学——一直在路上。与大家共勉!

芮彤妈妈

芮彤妈妈说得好,"在路上"我们大家互相扶持,为孩子把握好方向!

——万老师

非常欣赏芮彤妈妈的教育观点!孩子品德习惯的养成比学习成绩更加重要。知识是可以随时学习的,但是优秀的品德和陪伴一生的好习惯却是在儿时种下的一粒种子,等孩子长大,该开的花该结的果,已经很难再改变了……我们的语文课本也让我很感慨,感觉最近这几篇文章都特别有意义,包括昨天预习的《棉鞋里的阳光》:妈妈为奶奶晒棉被让奶奶更温暖,孩子看到了,学到了,感悟到了,于是帮奶奶晒棉鞋……其实好习惯、好品德就是在我们日常生活中这样一点一点地积累起来的。当我们教育孩子应当如何去拥有好品德、好习惯时,我们自己先要具备这样的品德和习惯。"孩子就是家长的复印件"。

——泊然妈妈

座位！是也？非也？

2013年3月28日　星期四　多云

座位！是也？非也？

一些家长总在纠结座位的问题，大可不必。

个子高矮、视力好坏、周围同学是否融洽、专注力、听讲效果、活泼程度等，都是老师在给孩子排座位时要考虑的问题。

每学期第一天，老师会根据孩子的变化来调整座位。

男孩子多，有些家长朋友又舍不得管，势必会有一些问题存在。因此，老师就要注意：哪些同学是出主意的，哪些是起哄的，哪些同学在一起会扰乱课堂秩序（尤其是在科任课上），就要把这些同学拆开；哪些同学喜欢斤斤计较，容易和同学发生矛盾，就找一些比较宽容的坐在他的旁边，耳濡目染地影响他；哪些同学学习有困难，就要有一些学习能力强的同学坐在他旁边，当老师的小助手，随时听他说思维过程，让孩子不掉队；听讲不专注的同学后面一般会放一些自制力强的同学，随时提醒他认真听讲，等等。

老师课上更多关注后四排，因为前三排距离老师较近，会起到一些威慑作用。事实上，全班同学都在老师的视线之内，老师不会让任何一个人掉队。

家长可能关注的是一个个体，而老师要关注的是一个由42个孩子组成的群体，他们在教室的一举一动都会引起老师的注意，老师会根据孩子的情况随时调整座位。另外，每次调位置都不会只涉及一个人，都会涉及一片。所以，希望每位家长都能理解，老师不仅能关注到您关注到的，还能看到您看不到的。教育我们的孩子尽量不给别人添麻烦，我们这个班就会更加和谐！

真心赞这篇文章！我也是班主任，经常会被这样的事情困扰，现在的家庭都是独生子女，家长投入太多的关注，但孩子适合坐在什么位置，老师最清楚。家长总是认为坐在老师眼皮底下就是最优厚的待遇，其实，有些孩子适合老师这样去关注，有些孩子则很反感，认为别人不信任他，结果适得其反。可是一些家长真的不理解。我把这篇文章在我们班的家长会上读了，还真起到一些效果！

——铭宇妈妈

我眼中的小淘气

2013 年 4 月 11 日　星期四　晴

说起小淘气，每个人头脑中都会闪现出一些形象。其实，孩子没有无缘无故的淘气，那就让我们走进孩子们的心灵，去探访他们淘气背后的原因。

有一种淘气是求知欲

我们见过刚出窝的小猫摇摇晃晃地走路时，会去用小爪子、小鼻子触碰它没有见过的东西，了解它未知的世界。我们的孩子面对新事物时也会充满好奇，会自觉不自觉地去探究。比如课间，新入学的孩子会想：楼这么大，里面会有什么？于是在教学楼里上上下下地参观，像探险家一样猎奇，即使上课了也没有回到教室的意识。教室中老师放的物品，他会好奇这些是做什么用的，尤其老师越不让动，越神秘，他就越百爪挠心，越想看，不敢明目张胆地看，偷偷摸摸地也要看。课上，老师讲到他感兴趣的话题，他会不由自主地插话，发表自己的看法。类似的这种淘气我们要保护，但是也要教孩子学会守时与尊重他人。比如，对于上面所说的问题，可以先满足一下孩子的欲望，由老师做导游，带他们转转校园。老师大方一点，把孩子想看的好奇的物品陈列出来，让他们猜猜是做什么用的。上课前和孩子商量好：别人说话时不打断；要认真倾听；学会等待；举手示意发言人，等别人话说完了，你就可以发表不一样的看法。这样一来，大家也会尊重你，认真倾听你的发言。如果大家都抢着发言，谁也听不见谁说什么，是没有意义、产生不了效果的无效发言。孩子的求知欲是我们求之不得的，我们一定要呵护。

有一种淘气是缺少沟通

许多孩子的生长发展往往是还没有会说话呢，就会爬了，会走了，甚至会跑了。他的语言发展总是落后于动作,在待人接物的方式上往往也是动作先于语言。例如有的孩子没带橡皮,当他需要用时,看到同学桌上有上去就拿,认为每个人都会像父母、长辈一样有求必应。另一个孩子在家也是父母、长辈的心肝宝贝,哪见过这阵势。于是,矛盾不可避免地发生了。还有的孩子是想和同学一起看书或玩玩具,但总是动作先于行动,上去扯一下同学,或搞一下同学,结果还没说话呢,对方就已经开始告状了,孩子也觉得很冤枉,事与愿违。对于这种淘气,我们可以教孩子怎样与他人沟通:需要别人帮助时,要去把遇到的困难说出来,然后再请求别人帮忙;想和别人玩,要先跟同学打个招呼,看人家愿不愿意接受你的邀请……

有一种淘气是固有习惯

古有"孟母三迁",是孟母为孩子选择利于其发展的周围环境;今有《傅雷家书》,是老先生对孩子的人生方向、为人之道、为学之道的引导。孩子周围的环境、家庭氛围是其习惯形成的沃土,及时对孩子的行为进行鼓励或批评,会让孩子认识到哪些是对的,以后依然可以做,哪些是错的,不能再做了。如果长辈对孩子的错误行为一味纵容,会让孩子失去对事非评判的能力。孩子问题行为的背后,一定有这样一位长辈。比如课本剧排练时,我就有意观察这些孩子的家长。平时做事不够专注,任由自己意志,缺少必要规则的孩子,在排练时也不能全心投入,别人在排练时,他们有的在一边玩玩具,有的用父母手机听音乐唱歌,家长不仅不制止,自己也不能投入,他们一边教孩子玩,一边看排练进行到什么环节,轮到自己孩子了,拉过来演一下,又让他接着玩去了,孩子根本不知道谁在排练,这样一来,孩子会认为现在的行为没有问题,因为没有人指出来。成人的行为严重影响孩子的行为,要想改变孩子,首先改变我们自己。因为孩子是我们的镜子,他的偏离往往就是因为我们家长的偏离。这种淘气要从根源上加以改变。这些问题不是一朝一夕形成的,也是我们比较头疼与痛心的,因为孩子毁在我们自己手上。

有一种淘气是智力与心理、生理发展不平衡

当一个人的智力超越自己的同龄人，他的想法、做法不被大家认可，而心智、生理年龄又是处于和大家一个层次的位置，甚至略低时，他便很难赢得大家的赞同，甚至会遭到讥笑，这势必会给孩子造成一种不自信、敏感。孩子缺乏安全感，会越来越偏执。我曾经遇到过一个孩子，三岁开始看报纸、杂志，知识面非常宽。一次美术评优课上，老师展示了一幅画请大家欣赏，谁也没有想到一个六岁孩子会把画家的国籍、作画背景、年代准确地讲解出来，震惊全场。这个孩子五岁就开始读《三国演义》《孙子兵法》等等。但家长只重视对孩子智力方面的教育，忽视了心理上的疏导，孩子懵懵懂懂中受到一些不良的影响，自以为是，卖弄学问，急于得到别人认可而不择手段。这个孩子课上只想展示自己，不给别人机会，只要老师不叫他，他就大哭大叫；自认为懂得多，看不起同学，同学就将他视为另类，有时会一起笑他，他为了自保就会出手伤人；因为有想法，在伤人时都要思考：我打他就要让他一次长记性，身上有衣服不行就得抓他脸，让他永远不敢欺负我；把所有人都视为对手，要一个个打垮。这种淘气要疏导，给他一个出口，给他机会在同学面前讲自己知道的知识，展示自己的同时也开阔了同学们的视野。这样，他的业余生活变成了准备如何讲，而不再去想怎样战胜别人。同学们从他那获得了知识，不再讥笑他另类，向他学习多看书多思考，从而将问题从有形悄然无声地化为无形。对于这种孩子，还建议他学一种乐器，音乐可以怡情怡性。

有一种淘气是缺少安全感

当一个人缺少安全感时有两种做法，一种是不相信任何人，总在防范别人；另一种是为了自保总是主动出击，让别人不敢靠近他，缺乏对任何人的信任。我曾遇到这样一个孩子，父母工作忙，两岁时把他送全托，他晚上不敢睡觉就胡思乱想，脑瓜里有两个小人，一个让他成为好孩子，好好弹琴，一个不让他弹。每天这两个小人都在他的小脑瓜里打架，结果这个孩子总是

不敢正眼看人，躲躲闪闪，做事不专心，在小人的撕扯下快崩溃了。还有一个孩子也是早托入园成为班中霸王，谁也不敢招惹他，一言不合就会动手；承认错误态度极好，但就是不改。这种淘气要多关爱，赢得孩子的信任，让他感受到大家的善意。建议家长可以多抚摸他，让他感受到温暖与安全。要用真诚的眼神和他交流，让他放下心里的防线，和大家做朋友！

　　了解淘气行为背后的原因，我们就会客观对待孩子的问题，因人、因事引导，让孩子在我们的陪伴与引导下，在一次次"淘气"中成长、前行！

谁为孩子续写未来

2013 年 4 月 20 日　星期六　晴

　　谁为孩子续写未来？这份沉甸甸的重任您委托给了谁？家长（家庭）？学校？社会？孩子……

　　来看这样一段对话。

　　众：我的小孩不听话、不爱学习怎么办？
　　法师：您影印过文件吗？
　　众：影印过。
　　法师：如果影印件上面有错字，您是改影印件还是改原稿？（场内立刻响起雷鸣般的掌声。后有人答道：改原稿。）
　　法师：应该原稿和影印件同时改，才是最好。

　　父母是原稿，家庭是影印机，孩子是影印件。孩子是父母的未来，父母更是孩子的未来。于家长而言，孩子是我生命的延续，别人我无法把控，但是我可以把控自己。

　　交流到这里，相信大家有一份共识，每位家长都有自己的教育理念，可还想了解孩子不在自己身边时的情况。

　　接力棒到了班主任手里，班主任看到了一些孩子在个体环境下的某些习惯到了群体中的表现。

　　有的同学每天周围一平方米都是他的物品，一些孩子看见了帮他捡起来放在他的桌子上；一些孩子捡起来交给老师；一些孩子根本不看就踢来踢去；一些孩子故意在上面踩来踩去，甚至用墩布故意去墩同学的衣服；更有甚者，把衣服直接扔到墩布桶里。

　　有的同学早晨来了，看到桌椅不齐自己主动去摆，看见地面有垃圾拿起笤帚就扫，然后找一本喜欢的书去读。有的同学会问：老师，我干点什么？

有的同学，老师请他帮忙把教室桌椅摆齐，他会说：我不想干，找别人。老师给点工作，有的同学认真去做，有的敷衍一下就不知道跑哪去了。

有的同学出门前问老师：现在外面热吗，要不要穿外套？有的同学老师不提醒，外套会穿一天。

有的同学乐于帮助别人；有的同学喜欢将自己的快乐建立在看别人出丑之上；有的同学记小仇，以暴制暴。

……

将这些问题还原到家庭的日常生活中，请家长们反思自己的作法。

第一，孩子饭来张口，衣来伸手。家长指令性行为过多，造成成人思维替代孩子思维，孩子丧失了管理自己的意识。举例说明：小A放学了，家长看到孩子出校门，追着孩子要过书包自己背上。回到家，提醒孩子脱外套并且拿过来，家长再把外套给孩子收好。接着，水果、零食端过来放在孩子面前。吃完了，家长把垃圾收走，孩子去写作业。家长把笔给削好，帮孩子把书包收拾好。孩子去玩玩具，玩过之后依然不用收拾，后面自有人管。来到学校之后，他的周围散落了一片用品，因为在这里没有人再帮他收拾。家长开始反映：铅笔丢、帽子丢、勺子丢……

第二，孩子没有需求，不懂得珍惜。当我们最大化地丰富了孩子的物质生活时，孩子不用经任何努力就能从父母那获得物品，没有"来之不易"的感受，孩子不再懂得珍惜，甚至以破坏来满足自己的快感。

第三，现在很多家庭都是一个孩子，我们怕孩子受气很正常，但每天关注的点应该放在哪？见孩子面的第一句话就是今天有人欺负你吗？那孩子每天的关注点就在受不受欺负，有没有受气上，也为了回答这个问题冥思苦想。果然，某个同学使他不高兴了一阵子。家长听完很生气，觉得孩子总在学校受气，并不去想孩子自己是否有问题。如果每天我们给孩子讲一讲单位的事，通过给孩子讲故事方式说说自己的收获，说说自己如何处理在工作中遇到的问题。孩子习惯了就会将关注点放在自我反思上面，就会去想自己遇事该如何处理。我们的关注点就会影响孩子的关注点。

第四，尝试让孩子自己做主，不要总是命令孩子。

……

每个人看问题的角度不同,教育理念不同,处理问题的方法也各异。有的人崇尚"自然生长";有的人喜欢"细致管理";还有的人"收放自如"。不管你是哪一种,你希望你的孩子将来是什么样,就从现在开始培养!

作为班主任,我要做的是在群体中引领孩子。工作之一是教育孩子懂得珍惜。如果哪位家长方便,可以整理一份您离开孩子后的工作状态,还可以找一份孩子喜欢的某种物品的生产流程。工作之二是教育孩子自己管理自己,同时培养孩子们的服务意识。为孩子们分配一些班级工作,如班级组建图书管理组、玩具管理组、课间巡视组、学习辅导组,每个组由班委带领几个组员来为班级服务。我们不用硬性干预孩子做还是不做,当孩子有困难找到您时,再帮忙解决,做一个支持者、帮助者,而不是指挥者。

博客回应

非常同意万老师的"家长是原件,孩子是复印件"这个说法。孩子的很多行为表现就是自然不自然地从父母那里"影印"来的。有时候我教育孩子不能说话不算数,他就会反驳:"你上次答应我的事不是也没做到吗?"所以跟孩子一起成长,就是我们成为父母以后一直在不断学习、不断改变、不断进步的过程。

有空常常跟孩子坐在一起,讲讲我们小时候上学的事情,班里同学的文具掉了我们是怎么做的,墩布桶里的水脏了我们是怎么做的,有同学遇到了问题我们是怎么做的。记得奶奶给儿子讲过他爸爸上一年级的时候,每天都是天不亮就急匆匆地第一个赶到学校,开灯给炉子添煤,搓着手在教室里等待同学们到来的事情。应该是这件事情让儿子很在意,他每天都特别积极地早早出门去上学,就怕自己迟到。

我总认为,在孩子形成良好习惯之前,家长是需要不断地提醒、不断地修正他们的行为的。在我们有能力、有时间来为他们提醒纠正的时候,如果我们选择"顺其自然,放任自流"的话,那么等小树长歪了再去矫正,就需要花费更多的精力和耐心,甚至一不小心,还会造成断枝……我相信，每个人看问题的角度和方式不一样，但是没有人不希望自己的孩子是优秀的，是被社会接纳的好孩子。当你觉得自己的孩子有这样或那样的问题和缺点时，我建议先别责备孩子，先来审视一下自己的行为习惯，孩子多多少少都会从我们这里学去很多习惯，尤其是坏习惯。和孩子一起改错，也是做父母才会有的特权吧。

——泊然妈妈

静等花开

——一年级第二学期家长会

2013 年 5 月 10 日　星期五　晴

11:50 放学，整理好桌椅，享受一下正午的阳光。听着乡村音乐，准备着家长会的内容，很久没有享受这种宁静了。

下午的家长会，主要从班级建设、习惯养成、数学教学、话题讨论四个方面进行。

通过几次活动，妈妈们互相都非常熟悉了，来到教室就聊得热火朝天。我盘点完我们的班级活动、习惯养成、数学教学内容之后，给大家留下话题讨论时间，大概 15 分钟。妈妈们说时间太少了，我在心里想，下次我一定少说，给大家留下足够的时间交流。这次讨论，每组都非常有收获。以下是各组讨论情况的记录。

第一组：减负后，我为孩子规划什么？
组长： 天一、天畅妈妈。
参加讨论的家长： 刘祺奶奶、乐山妈妈、际平妈妈、皓严妈妈、一凡妈妈、佳熹妈妈、顺然妈妈。
讨论的主要问题：
1. 减负以后如何管理孩子的课余时间。
2. 从孩子的整个学习规划来讲，减负以后应该如何督促、帮助孩子完成家庭学习的安排。
3. 要不要给孩子报校外辅导班。

讨论情况：
1. 乐山妈妈提出，减负以后给孩子增加了许多阅读的时间，通过阅读，孩子增加了识字量，对课堂的学习很有帮助。乐山妈妈还利用业余时间加强了孩子的体能训练。

大家都非常同意乐山妈妈的发言，认为减负以后应该多给孩子增加阅读和体育锻炼的时间。

2. 刘祺奶奶、顺然妈妈提出减负以后孩子回家没作业了，很担心孩子学习会退步，家长心里着急，可是又不知道该干什么。

对于这个问题，很多妈妈都有同感。天一妈妈讲了一下每天带孩子在家里所做的与学习相关的事情。主要还是按照老师的要求每天坚持预习、复习，不能松懈。其他家长也认为对于孩子回家以后的学习不能完全放松。

3. 际平妈妈提出，一直以来都是根据孩子的兴趣、爱好报的兴趣班，孩子很喜欢。可是看到周围越来越多的孩子开始上奥数、英语、语文等课外辅导班，心里有点着急，不知道到底上不上，很矛盾。

对此，乐山妈妈认为，一定要根据孩子的情况，看看孩子是否有兴趣、有精力，不能盲目地参加。天一妈妈也认同乐山妈妈的观点，就是一定要根据孩子的情况，如果盲目报太多辅导班却没有时间、精力完成辅导班的作业等要求，效果会很差，而且浪费孩子的宝贵时间。

总结：讨论结束后，我们向全班介绍了讨论情况，万老师针对我们的讨论议题发言。万老师认为，每个家长一定要根据自己对孩子的人生规划，来确定你对孩子的成长学习道路的规划，也就是说你最看重孩子哪个方面的发展就应该从哪个方面对孩子进行培养。

第二组：怎样让孩子的心静下来？

组长：科瑶妈妈。

参加讨论的家长：梓嘉妈妈、浩严妈妈、霁扬妈妈、润松妈妈、雨辰妈妈、科瑶妈妈、墨圣爸爸、博文奶奶。

讨论的主要问题：

随着天气转暖，孩子户外活动多了，部分家长担心孩子们"玩心"难收，无法静下心来学习。针对"多长时间活动一次合适"和"怎样让孩子的心静下来"两个问题，各位家长进行了热烈讨论。

建议：

第一，最近几个月（5—10月），天气比较适合户外活动，班里可以多组织几次集体活动，可以两个月或三个月举行一次，以促进孩子、家长、老师间相互交流与沟通，增强班级凝聚力。活动主题可以是集体生日会，也可以是亲子运动会等。

第二，平时家长们可以通过微信群或QQ群自愿发起小范围的活动，根据居住地域、孩子的兴趣或某项主题召集孩子们参加。这些活动可能会多一些，家长要根据孩子的情况有所取舍。

第三，活动结束后，家长要多关注孩子的变化，并给以必要的引导，使孩子能够静下心来。活动组织者可在微信群里交流一下活动的经验，供大家参考和借鉴。

第三组：低年级通过什么活动，培养孩子哪些好习惯？

组长：泊然妈妈。

参加讨论的家长：苏祺妈妈、佳轩妈妈、周易妈妈、慧羽妈妈、安琦妈妈、思薇妈妈、伯缘妈妈、蒲榕妈妈、睿阳妈妈。

讨论的主要问题：目前孩子最需要养成哪些习惯，家长该如何去做。

讨论结果及建议：

习惯1：学会独立，承担责任。放学回家洗手的同时，清洗自己的午餐饭盒；每晚自己收拾书包。（每月实现两个习惯的培养）

相关建议：每人拥有一份"行为卡片"，每天由父母进行监督，看是否能自觉做到（父母要做到不帮忙，诚实监督）；同学间（同桌或好朋友）每天相互对比"行为卡片"上的执行情况，班级定期统一评比、奖励。

习惯2：把"谢谢"挂在嘴边。对老师、父母、同学都要常说"谢谢"。

相关建议：平时班里以标语的形式在板报或者墙面上提示；以课本剧的形式表现同学们在日常的学习生活中如何与他人和睦相处，以及把"谢谢"挂在嘴边。

习惯3：与父母和谐相处。孩子尊重父母，不顶撞；父母对孩子不发火（因为父母的行为会直接影响孩子）。

相关建议：父母与孩子在家中互相监督。孩子可以以日记的形式，记录父母是否对自己发火，原因、是否可以避免；父母与孩子进行沟通，达成协议，孩子少顶一次嘴，父母少发一次火。

总结：孩子好习惯的形成，家长的行为是关键。制订的计划，家长一定要和孩子一起坚持，在监督孩子是否做到的时候，也要诚实地监督自己。让孩子从心里认识到好习惯对他们生活学习的重要性。

第四组：爱上阅读

组长：芮彤妈妈。

组员：万老师、怡然爸爸、宇坤妈妈、宁泊妈妈、景辰妈妈、凯萱妈妈。

宇坤妈妈经验分享：

第一，从很小的时候就开始教孩子识字，识字量的积累对开展阅读很有帮助。

第二，陪伴孩子一起阅读，读同一本书，与孩子交流读书心得。这样做的另一个好处是，可以帮助孩子把控读书的内容，防止不健康的内容影响孩子。

第三，不必限制孩子只读某一类或某几类图书，大人的书只要孩子爱读，也可以。

第四，家长当听众，听孩子"讲"他读的书，"讲"的方式可以是一段话，可以是一幅画。

"爱上阅读"活动：

三月份的阅读课，我们和孩子制定了阅读公约、进行了课本剧的表演；四月份，芮彤妈妈带着孩子阅读了优秀的绘本故事；现在，已经有越来越多的家长加入了阅读课的规划和管理，为阅读课建言献策。阅读课将让孩子们获得更多的知识和智慧。

为了让孩子们在一起多读书，读好书。应家长的要求，我们将整理出一些适合孩子阅读的图书，并逐步更新班级的图书馆。

把书籍"送"给孩子，让孩子接纳书籍，不是一蹴而就的功夫。让孩子爱上阅读，可以分三步走：引领、守望、祝福。

开始的阶段我们要花费较多的时间和精力。每周或者每两周带孩子去一次图书馆、书店；孩子过生日的时候，为他（她）选一套图书作为礼物；睡前陪孩子度过阅读时光；做孩子身边爱读书的榜样；为孩子营造一个随时可以接触到图书的环境。

　　随后需要我们付出更多的努力，运用更多的智慧，需要我们耐心的倾听，忠诚的陪伴，提出中肯的建议。让我们陪伴孩子的成长，让孩子自由地爱上图书。

　　最后，当孩子的阅读能力超越我们的时候，请衷心地祝福他们吧！

博客回应

　　很喜欢这种形式的家长会，家长在一起来探讨教育孩子中存在的困惑，把讨论加以整理，便于大家以后相互学习！谢谢家委们的付出！

——新浪网友

让孩子的内心强大

2013 年 5 月 17 日　星期五　晴

　　万物皆有美，最美是生命！

　　近段时间，听到三位大学生将自己年轻的生命轻易断送，心情很沉重。今天的质量监测会上，当何老师再度提及此事时，颇有感触。为人母、为人师的双重身份让我不得不考虑自己今后的教育之路应该怎样走。今天，就这个话题和家长们一起探讨。下面是我个人的观点，在此提出来，以抛砖引玉。

　　简单分析一下，有一些孩子可能是在这样的环境下成长的：成人会把孩子还不懂的升学压力、就业压力，成年人的经历、得失、未尽的愿望等作为理由，把孩子的学习放在第一位，将孩子的成绩作为直接评判其是否为"好孩子"的唯一标准。孩子只要好好学习，其他的都不用管，成年人自会为其扫平一切障碍。孩子在奔波于各种学习场所的疲惫中只获取了知识，却丧失了必备的能力。如：对家长过分依赖；人生目标狭隘（也可以说目标短浅，上学时以考上好大学为目标，一旦考上了，就不知道下一步该怎样实现自己的人生价值了）；不具备独立解决问题的能力；缺少接触社会的机会（大多只是在补习班、学校、家之间奔波，处于上课、下课写作业的循环往复中）；没有开阔的胸襟和乐观的生活态度（有几个孩子能有不停学习的动力？几乎在父母各种方法的诱导下才会去做。大家可以想象，都是怎样的教育在陪伴着我们的孩子）；缺乏需求（物质的极大丰富，不需要孩子张口就可以全方位满足，条件只有一个：好好学习。可是在这种情况下，孩子的精神世界又相对贫瘠）。也许这些是个例，但我相信，其中折射出的某一种或者更多种问题存在于包括我在内的许多父母身上。要想"拯救"我们的孩子，还要先拯救我们自己！

　　"懂得珍惜生命，爱护生命，让自己的内心无比强大！"这是我们从现在起就要慢慢培养的观念。

　　第一，成人要尊重孩子的心理特点、生理特点、性格特征和兴趣爱好，对孩子成长之路进行适当规划。

每个孩子在世界上都是独一无二的，没有任何一个人的成功是可以复制的，所以不要总是学别人，要清楚认识自己的孩子，让孩子根据自己的特点去发展。

第二，家长不要把孩子放在自己的保护伞下，要培养孩子的独立意识，使其具备独立解决问题的能力。

孩子之间发生矛盾了，家长最好不要马上出面，要看看孩子自己如何解决。当他们有求于我们时，也不要马上发表意见，先听听孩子的处理方案，也让孩子听听同伴的处理方案，再听听旁观者的处理方案——让孩子知道，不同的人有不同的看问题的角度，一件事可以有多种方法去处理，从而慢慢掌握独立解决问题的能力。

经过上一个学期的磨合，现在在班里，当孩子发生矛盾时，我的第一句话是：是老师帮你们处理，还是自己处理？孩子们往往都会说自己处理。我会继续问双方当事人的处理方法，然后征求意见：对方这样处理你接受吗？如果有现场的目击证人，我也会听听证人的处理方法，或者说出我的方法供他们选择。这样做可能会暂时耽误一些时间，但我觉得值得，因为这样会让孩子懂得尊重，学会选择，学会担当，学会在处理问题的过程中换位思考。

家长总希望孩子少走弯路，喜欢为孩子铺平道路。其实，弯路现在不走，早晚会走的。我们毕竟不会跟孩子一辈子，你能为孩子铺平所有道路吗？你能预料多年之后孩子会遇到什么问题吗？不能！那就让孩子学会自己披荆斩棘，去为自己开路。把我们的"照顾"稍微收一收。放开一些手脚，给孩子一个自己"闯荡"的空间，孩子在自己闯荡的过程中会不断调整自己的做法，自然修正，遵循自然规律正常生长。否则，太一帆风顺会给孩子制造一个假象——我可以为所欲为，而一旦梯子坍塌，孩子会摔得很重。

第三，让孩子多读书、多走路，丰富孩子的人生经历，开阔孩子的视野。视野宽了，世界大了，也就更自信了，孩子就不会拘泥于一点而不能自拔，却可以有很多选择的机会。

第四，让孩子有朋友可以倾诉。每一个人都需要倾诉的对象，快乐与幸福愿意有人分享，困难与伤心希望也有人分担。一个人的痛苦有十个人分担，他所承受的就剩十分之一；一个人的快乐有十个人分享，就变成十个人的快乐。多交往，多与伙伴相处，拥有自己的朋友是人一生的财富。

第五，有可以释放压力的爱好，具有排解忧愁的能力。

人们常说：愤怒出诗人，孤独出作家。诗人、作家我们不苛求，但我们可以在烦心的时候听听音乐，拉一曲小提琴，弹弹钢琴，画一会儿画，跑跑步，逛逛街，或者看看书，来排解心中的不快。遇到问题不要让孩子钻牛角尖，越钻心眼越小，越钻心越窄。用其他的方式化解不良情绪，或者直接避开烦恼去思考解决问题的方法，这些都是能力。

思路往往决定出路，让我们再次审视一下自己的行为，给自己一个定位，也给孩子的未来一个定位。

所有的爸爸妈妈们与我共勉吧！

警钟！这段时间看的报道确实压抑，我们培养孩子究竟是为了什么？该给孩子未来一个怎样的定位？值得我们深思。

——润

致家长们的一封信（3）

2013年9月2日　星期一　晴

各位家长朋友们：

大家好！

人初生，日初出。上山迟，下山疾。
百年三万六千朝，夜里分将强半日。
有歌有舞须早为，昨日健于今日时。
人家见生男女好，不知男女催人老。
短歌行，无乐声。

　　时间过去了，才感觉到它的短暂。转眼间，孩子们已经升入二年级了，看着他们的成长，让我想起这首小诗，真是"男女催人老"呀！

　　孩子的成长，让我们对与自己朝夕相处的儿女好像有一种陌生感，我们对他们的认识总跟不上他们的成长速度。不要急躁，让我们一路相伴，一起共勉！

　　陶行知说："培养教育人和种花木一样，首先要认识花木的特点，区别不同情况给以施肥、浇水和培养教育，这叫'因材施教'。我们对于儿童有两种极端的心理，都于儿童有害。一是忽视；二是期望太切。忽视则任其象茅草样自生自灭，期望太切不免揠苗助长，反而促其夭折。所以合理的教导是解除儿童痛苦、增进儿童幸福之正确路线。"

　　观察孩子，发现孩子，读懂孩子，继而引导孩子的成长！我们可以做旁观者，当孩子出现问题的时候站出来做一个向导，然后再回到我们该在的位置！孩子的成长中该经历的就应该让他们经历，每一种经历都是孩子最宝贵的财富。

　　下面和大家交流一下本学期的一些工作设想，更欢迎大家提出好的想法。我们只有一个目的，让我们的孩子得到锻炼，丰富他们的阅历！

　　第一，班干部轮换制。

二年级的班干部，我们两个月一轮换，可以轮换四次，为每个同学创造锻炼的机会！第一轮是自荐和同学举手投票选举。这样做目的是让孩子找到自己努力的方向，为自己制定一个努力的目标。第二轮、第三轮、第四轮就根据孩子们的情况任命，以没有尝试过的同学优先锻炼为原则。

第二，本学期主打两个活动。

活动1：猜谜语。

教室北面的一面墙是孩子们的猜谜阵地。孩子们可以搜集或设计1～2个谜语，或者数学小问题等，写在漂亮的即时贴上，做成糖果、蝴蝶、小树、房子等的样子带过来，贴在"谜宫"（暂时这样叫，征集好名字、好的展板设计方案，最好由孩子自己设计，我明天会在班里说这件事，有好方案和芮彤妈妈、宁泊妈妈联系）里，适时请孩子们猜谜。这项活动的设计初衷是训练孩子们的逻辑思维和逻辑推理能力。我这里有奖品，猜对的同学发一个小奖品，同学们也可以自制奖品，谁猜对你的谜语，由你来发奖。没有准备奖品的，由老师来发。谜语每周一换，增加孩子们的互动，增进孩子们之间的沟通与交流！

活动2：新闻播报。

教室后面右侧的墙壁作为新闻播报阵地，孩子们可以用自己的视角观察班级、学校和自己生活的小圈子里发生的事情，写在即时贴上贴在新闻播报栏中；还可以剪报，从报纸上剪下自己认为有意思的新闻，不要太长。每天利用午休、早上到校等零碎时间让孩子讲述自己的新闻。此项活动设计的目的，往小了说，是因为三年级要写作文了，我想帮大家把困难分解开——孩子学会观察，学会表达，作文就成功了一半；往大了说，就是训练孩子们敏锐的观察能力，帮助他们形成一种"大人生"的生活观，明辨是非美丑，帮助我们了解孩子的内心，引导孩子的心理健康成长，也是一种对情商的培养方式！

除了这两个主打活动，"家长大讲堂"和"爱上阅读"活动还要听听大家的意见，看要不要坚持下去，然后我们再做打算。

第三，我们的卫生值日制度和上学期一样，大家问问孩子是第几组，值日期间晚十分钟来接。

第四，我们的评价体制也稍有变化。

我们把"全面发展星"的评选过程化。具体作法：为孩子们准备一个记事本，每天，孩子们写上日期，由我们对孩子从学习、纪律、爱心、环保、劳动等方面进行评价，学习方面表现好的发"金耳朵""金话筒"，其他的贴相应的贴片。每周一汇总，盖相应的章；每月一汇总，将结果贴到展板上。这样，孩子们可以更清楚地认识自己的优势，找到努力的方向，各位家长朋友也可以每天及时掌握孩子的在校情况。最后的"全面发展星"从这里产生，发挥评选应有的作用。

第五，孩子的座位问题。

我想将每周五作为自由座位日，早晨孩子到校后可以自由选一次座位坐。平时都是老师来固定座位，考虑的因素太多——身高、视力、性格、与同学的关系、自制力等，二年级的孩子有了一定的自控能力，就试着放一放手，给他们一个自主空间进行尝试，看看孩子们自己做主会是什么样子。我前期要做的就是教孩子学会宽容，学会谦让，学会先来后到，不要因为自己想坐的位置被别人占了就大发脾气。这次没有坐上，下次还有机会选择。每周一次，要珍惜这个机会。

自主选择座位公约：

1. 有一定的自我约束力，和周围同学关系融洽。
2. 不影响一天的学习质量。
3. 遵循先来后到的原则，相互谦让。
4. 违反以上三条，免一次自主选择座位的权利。

公约暂定，大家集思广益。

这样做的目的是，如果学生的自主选择合适，我们在排列座位时就可以参考，同时给一些平时想交流却没有机会的孩子一个亲近的机会。更重要的是尝试给孩子一些自主的空间，同时培养他们的自控能力。

以上是本学期班主任工作的一些思考，欢迎大家和我交流，更欢迎大家的奇思妙想！

在这里感谢大家上一学年对我们班级工作的支持，也希望新的学年您能一如既往！愿孩子们在集体里能找到适合自己发展的空间，获得被同伴认同的乐趣，每一个人都感到自己很重要！

教育的偏科

2013 年 10 月 20 日　星期日　晴

周五的话题：一个小男孩聪明伶俐，喜欢看书，记忆力超强，善于思考。虽然只是二年级，但可以说是上知天文，下知地理。可是他自己每天的生活却一塌糊涂：水瓶、外衣总在地上躺着，不提醒不收拾；作业总是老师在后面催着，不催促不交；他的东西，每天都是他在前面摆，妈妈跟在后面收拾。妈妈也很苦恼怎样才能让孩子兼顾智商与情商的发展，在形成能力的同时养成习惯。大家支支招！

这个问题的关键在于我们对孩子的培养"偏不偏科"，我们的意识偏科了，对孩子的培养就会偏科。

从一件小事说起吧。这件事大概是这孩子两岁时的一次经历：孩子玩玩具，他把一个玩具箱里的玩具都倒了出来，自顾自地玩着。玩够了，就去拿另一个玩具箱，把箱里的玩具倒出来，又开始玩起来，妈妈则开始在后面收拾第一个玩具箱里的玩具。假使孩子玩够玩具了，妈妈带领孩子一起收拾玩具，那么下一次，孩子就会懂得玩完玩具马上收好，这个习惯就一点一滴地养成了。

到了五岁，孩子喜欢看书了，每天有时间就抱着一本书看，看完了随手一丢，由妈妈来帮他放入书柜。如果妈妈带着孩子把书随手放入书柜，慢慢地，孩子的习惯就养成了。

再大一些，家长可以和孩子一起野游了，家长可以有意识地带着孩子一起制订计划，外出游玩。野游回来，孩子随手把东西往地上一放，自顾自地玩去了，家长在后面收拾残局。假使家长回到家，带着孩子一起把物品都归放到原位，如果家长有意识地培养孩子有始有终的习惯，孩子就会慢慢做到这一点。

从现在做起晚吗？不晚，但有点费力气。因为孩子习惯了大人做这些善后的事，如果我们让他去做，他会觉得这是我们的额外要求，还要跟他讲一些道理。不过经过一段时间，习惯了就好了。

昨天上午，参加了女儿学校举办的第一次家长学校活动——到了初中阶段，我们做家长应当怎样转变角色，感受颇多。活动中提到了《亲爱的安德烈》中龙应台给儿子的第28封信《给河马刷牙》中的一段话："我也要求你读书用功，不是因为我要你跟别人比成就，而是因为，我希望你将来会拥有选择的权利，选择有意义、有时间的工作，而不是被迫谋生。"这段话准确地道出了家长的心声！

女儿最近喜欢上动漫，但尚停留在看动漫书、画动漫人物的阶段。我也曾狭隘地认为这些东西不入流，试图阻止。可是，当我发现她开始背着我做这些事的时候，我知道我错了。那就应该让她更深入地了解动漫。正在思考怎样引导的时候，在晚报上看到一则消息：蟹岛举办"国际动漫博览会"。昨天下午，孩子挤出一点学习时间，我和爱人带着她走入博览会。那些搞动漫的专业人士不光专业修养深厚，他们的作品中也处处传递出博学、创意、生活情趣等。我和爱人也被深深地吸引了。台湾三昧堂的布袋木偶创意独特，"见行堂语"系列漫画，每一幅都是人生哲理。女儿开始时只顾拿着金色护照四处盖章，后来也慢慢地开始有所领悟。

我们每个人都行进在"育儿"路上，这条路走得虽然辛苦，但总有一些别样的风景等待着我们，也就生成了无数的期待与意想不到的快乐。让我们一路共勉！

博客回应

"我们的意识偏科了，对孩子的培养就会偏科。"提醒得太对了！要让孩子全面发展，妈妈首先要有这样的意识，并且在日常生活中避免偏科。周六和两个妈妈一起带着三个女儿去植物园，由于停车不便，我们将车停在东南门。进门后孩子们吵着要去温室，妈妈们突发奇想，让孩子们自己找到温室（东南门离温室较远），其间可以看路标，也可以向大人求助，但是只有三次求助的机会。开始的时候，孩子们兴致高涨，一路向前，当发现路标指示牌上没有温室时，情绪开始出现波动。一个动摇了信心，一个愤怒地抱怨起大人来。妈妈们不动声色，提醒她们找到公园的主路,顺着主路一定可以找到路标。果然,来到主路上之后,孩子们很快发现路标,顺利地找到了温室。我们询问了管理人员,温室只有一个出口,于是我们继续鼓励孩子,让她们自己进去游览,并要求注意安全,而且要三个人始终在一起。孩子们一阵紧张,表现出很害怕的样子,但是我们依然坚持。我们为孩子带上了一个手机,既可以照相,也可以在遇到紧急情况时打电话。于是,三个孩子出发了。半个多小时后,孩子们出来了,紧张地用双眼搜寻着妈妈的身影。一看到我们,立刻向我们展示她们拍的各种照片。三个人分工协作,每次由一个人为其他两个人合影,多会想办法啊!一直以来,我们都觉得孩子太小,不能独当一面,可周末的这次小活动让我发现,只要我们用心、肯放手,其实孩子们可以做得很好!

——芮彤妈妈

家长成绩单

2014 年 5 月 11 日　　星期日　　阴有小雨

"万老师，你如果考试考不好，你的家长会怎样对你？"

"老师小时候还真没有考不好的时候，不过我想，如果遇到这种情况，我会主动和家长一起看着试卷分析原因，在以后的学习中慢慢改正，争取下一次考好。你可以试一下呀！"

"哦！这样可以吗？"

"我想家长主要看的是你后面的行动，所以这样做应该是可以的，但一定要用事实说话！"

这是一次放学路上，我和一位同学的对话。

这次对话，让我萌生出一个想法。我们家长关心孩子的学习，许多时候喜欢拿孩子的成绩说话，当我们拿到孩子的成绩单时，有多少人真能做到坦然面对呢？有多少人能坐下来和孩子一起分析试卷背后的错因、习惯影响，并鼓励他（她）以后努力呢？我们平时对孩子要求这、要求那，孩子们心里对我们成人又有一个怎样的评价呢？于是，我想请孩子们也为家长填一份成绩单，看看我们在孩子心目中是一个怎样的分数。"家长成绩单"便应运而生了。

5 月 4 日中午的班会时间，我把"家长成绩单"发给孩子们。"给爸爸妈妈打成绩，真的吗？""要给爸爸妈妈打成绩？""怎么打呀？"孩子们满腹疑虑。当我把想法和操作方法讲清楚之后，有的同学问："老师，我们是打真的成绩，还是假的成绩？"我说："当然是公正的真成绩！"

孩子们开始认真读着每一道"题目"，再看看评分标准，认真地打起成绩来。有的问："老师，我妈妈经常和我谈话，可是爸爸没有怎么办？""这还真是个问题，如果需要，你可以单独注明。"孩子们多认真、公正啊！

"老师，零花钱是指家长主动给的，还是通过自己劳动换来的？""同学们自己界定一下，你们认为的零花钱应该是父母主动给的，还是劳动换来的？"一个同学说："爸爸妈妈主动给的，劳动换来的叫报酬。"回答得太准确了！了不起的孩子！

"这可是我们的秘密，谁也不许告诉爸爸妈妈，我们要给家长们一个惊喜，大家都要遵守这个诺言！"

家长会上给大家呈现的就是孩子们为大家打出的"家长成绩单"，相信各位家长朋友看到这样一个成绩，都与自己的宝贝进行了谈话，知道了他们打出这个成绩的原因，对大家也有所触动。每次孩子拿到成绩单，我们都要帮孩子一起分析原因，制定目标和改进措施。这次我们拿到自己的"成绩单"，也来谈谈我们的感受吧！

附 一

家长成绩单

同学们：

你们好！

我们每个人考完试都要把成绩单给父母看，有时还要签上字。你们想过也给父母打一次成绩吗？今天我们就来试一试吧，看看你的父母能得多少分。请同学们完成以下10个问题。

完全符合打5颗星，基本符合4颗星，偶尔做到3颗星，不符合2颗星。

1. 父母彼此和睦相处，互敬互爱，从不在我面前使用不文明语言或无休止地争吵。

2. 父母能为我创造良好的学习环境，不会因电视、电脑发出的声响过大或大声说话而影响我的学习。

3. 父母能积极学习，不断进取，能做我的"智多星"，能提高对我的教育能力。

4. 父母能认真听取我的学习情况汇报，为我推荐一些有益的学习资料和课外阅读书刊。

5. 父母能经常与我沟通，耐心地倾听我的诉说，从不态度恶劣地打断我。

6. 父母能关心我的身心健康、膳食平衡、视力保护和生理健康，带领我积极锻炼身体。

7. 父母每月都给我零花钱，但会指导我合理使用，让我学会勤俭节约。

8. 父母从不溺爱我，每天都耐心指导我做力所能及的家务，培养我的独立能力。

9. 父母能正确对待我的不良生活习惯，不是强行制止，而是和我讲道理，帮助我改正。

10. 父母能主动和老师保持联系，一起帮助我在成长的道路上越走越好。

同学们快来动手为父母打个分。

我父母的成绩为（　　　）

附　二

小小成绩单，牵手一家人

看了儿子给我和他爸打的分，虽然是满分，感动、高兴之余，我知道，我们距离儿子的期望还是有很大空间的。儿子回到家，就跟我说："妈妈，别看你得了满分，这里面是有情感分的哟。"我知道，这情感分里包含着儿子对我们的爱和理解。谢谢你，可爱而又懂事的儿子！

我知道，在鼓励孩子理财和给孩子零花钱方面，我做得跟满分还是有差距的。我偶尔会给孩子小金额的零钱作为奖励。但是，我的问题是，没有把这种奖励作为一种常规的制度，一以贯之地执行起来。所以，在孩子心中，还没有形成"我靠努力获得奖励，辛苦挣来了零花钱，因此我要珍惜，我要把钱用在适当的地方"这样的想法。这样，可能会导致孩子对获取金钱的艰辛没有感性的认识。

当然，在日常生活中，我会时时教导他，在花钱和买东西时，要考虑哪些是你"想要"的，哪些是你"需要"的，而我们只买需要的东西。也是因为一直有这样的教导，我发现儿子目前还没有乱买东西、乱要东西的不良行为。为此，我很欣慰。我相信，儿子也能在这种教导之下，慢慢地形成自己正确的消费观。

还有一道题目也使我有点惭愧，就是耐心地倾听孩子诉说，从不态度恶劣地打断孩子。仔细想想，我真的没有百分之百做到，虽然这道题儿子也给了我们满分。大多数时候，我是能蹲下来和儿子平等对话的，但总有些时候生气到了极点，我会控制不住自己的情绪，对儿子说话的语气和声调都明显失控，有时甚至大吼大叫。每到这个时候，儿子都会用无辜而受伤的眼神看着我，嘴里嘟囔着："妈妈，你能不用这种语气说我吗？"而我也会立刻惭愧到极点，赶紧闭嘴，为自己的失控和大吼大叫深深自责。

通过这次孩子给家长打分，我很受触动。孩子纯净的心灵是一面镜子，我能从他的打分中，看到他对我们的理解和尊重，也能敏锐地发现自己在教育孩子中仍有那么多的不足。儿子对我们这几年来给他的教育还是满意的，对我们有肯定也有期望。我想对儿子说：孩子，爸爸妈妈感谢你的真诚和理解，这已经很足够了，爸爸妈妈非常高兴。但是妈妈也有很多需要自省的地方，我会把这份试卷当成一份礼物好好保留。特别谢谢万老师给孩子和家长们这样一个机会，让家长们从孩子眼里看到自己的教育方式，也让孩子能够有同样的高度，对爸爸妈妈的行为进行评判。

一张小小的成绩单，呈现的是孩子对父母的肯定、包容和期望。亲爱的儿子，我知道，现在妈妈做的还不够让你百分百满意，但是我们的家庭——爸爸妈妈还有你，因为有了你的这份充满情感的成绩单而更加相互关爱。

一只小小的信封，一次稚嫩却不失客观的打分，在每个家庭内部都架起了一座五颜六色的桥，这桥是用爱心做的，它拉近了父母和孩子之间的距离。这桥让我们从孩子的眼中走出来，走进孩子的心里。

教育是相互的，爸爸妈妈在陪伴孩子成长的道路上，自己也在不断学习，不断成长进步。孩子们，让我们手牵手，让爸爸妈妈和你们成为好伙伴。好伙伴，就要经常互相说说悄悄话，要真诚地对待彼此，互相学习，共同进步，共同成长。亲爱的儿子，爸爸妈妈非常愿意做你的好伙伴，你是否也愿意呢？

泊然妈妈

附 三

面对家长成绩单的感言

二（9）班的家长会上，我们收获了一份意外惊喜，那就是一张孩子给父母评分的家长成绩单。评分内容包括了家长言行、环境营造、自身学习、关心孩子、生活安排、日常管理、参与学校活动等十个方面，满分50分，熹熹给我们评了48分。虽然没有得到满分，但仔细看着孩子认认真真的评分结果，我们比得了满分还要高兴。同时，我们也深深感受到了学校和老师们在培养孩子们全面健康成长方面的良苦用心。通过这次活动，我们觉得有三个方面的收获。

一是锻炼了孩子。给父母评分，让孩子跳出了被管理者的角色，第一次站在客观的角度去分析判断父母的行为。这不仅可以增加孩子对父母日常教育管理的理解，而且，在查找父母不足的同时，也会让孩子发现自己存在的缺点，对自己应该做什么、应该怎么做进行一次深入的思考。这必将会对孩子起到非常好的教育引导作用。

二是教育了父母。通过这份成绩单，我们进一步了解到孩子在想些什么、需要什么，知道了在孩子眼中我们存在哪些不足。尤其让我们深受触动的是孩子真的长大了！她已经不再是那个懵懂无知、需要父母羽翼随时呵护的幼儿，她已经有了自己的思考，已经开始走向了属于自己的未来天地。作为父母，我们也需要改变，在继续严格教育培养的同时，要给孩子更多的空间，更多的自主权，更多的历练，让孩子更加快乐、健康地成长。

三是增进了与孩子的交流。家长会之前，熹熹虽然能够遵守保守秘密的约定，但还是忍不住向我们透露在家长会上会有一份意外的礼物。从中，我们感受到了孩子对这件事的重视，也隐隐感到了她心里对没有给父母评满分存在一丝忐忑。家长会后，我们立即与孩子进行了交流，充分肯定了她对父母客观评价的做法，并针对扣分内容认真地听取了孩子的意见，表示虚心接受，并会积极改正，孩子非常高兴。我们感到，能否与父母及时、深入地交流思想，对孩子的健康成长意义重大，这次活动对此起到了非常积极的促进作用。

通过这次活动，我们更加为孩子能够进入中关村三小学习感到庆幸。三小的老师们全身心地投入对孩子们的教育培养，不仅为孩子创造了良好的学习环境，更为孩子们的德、智、体全面发展打下了扎实的基础。在此，我们再次对老师们的辛勤付出表示衷心的感谢！

佳熹爸爸妈妈

附 四

一张令我五味杂陈的成绩单

第一次拿到儿子给我们打分的成绩单，既盼望又紧张，仿佛又回到了学生时代。出乎意料，儿子居然给我们打了满分 50 分，甚是高兴。欣喜过后，仔细看了其中的每一道问题，感觉手里的成绩单越来越沉重。

酸酸的甜

儿子长大了，不光个子长高了，身体强壮了，也开始慢慢独立。虽然不善言辞，但父母的一言一行，日常生活的大事小事，全部印在他那小脑袋瓜里，有时候突然冒出来的话会吓你一大跳——他怎么能知道这么多。孩子是父母的一面镜子，大人身上的优点和缺点，都会表现在孩子身上，所以我们做父母的自认为很多时候表现得并不完美。儿子的善解人意让我们感动，他的包容和谅解让我们惭愧。看着满分的试卷，心里充满酸酸的甜意。

懊恼的苦

每每在儿子恶作剧，或因动作拖沓被催促了几遍还是不动窝时，我便经常控制不住情绪，对儿子吼起来。当看到儿子投来的略带恐惧的目光时，我就后悔不已，懊恼自己怎么会那么没有耐心，变成了一座活火山？这对于我们家长来说也是教育：不能拿大人的逻辑要求孩子，每个孩子在成长的阶段都会有一个认识事物、形成做事习惯的过程。

有味的咸

记得小时候，儿子会经常帮家里做做家务。但上学后因为要把时间花在"刀刃"上，也出于心疼孩子，往往儿子提出了帮忙做家务的要求时也被我们拒绝了。其实，经常做做家务可以锻炼孩子的做事能力，培养责任心，也可以让孩子懂得付出才会有回报——每次的一元工资都让儿子自豪不已。咸淡都是味，对孩子的教育不分大小、主次、先后，我们思想中固有的"抓大放小"反倒让孩子失去很多。

热辣的爽

感谢这份家长成绩单，给了我们认真自省的机会。教子先教己，在几个项目上我们确实需要改进。我们期待和儿子平等地沟通，像朋友一样相处，携手享受成长的点滴。憧憬着家庭更加和谐美好，我感到发自内心的热辣爽快。

静待花开，只要顺其自然，用爱的阳光雨露浇灌，无论早晚，每一朵花都会美丽绚烂！

景晨妈妈

附 五

写给女儿的信

亲爱的女儿：

看到你给爸爸妈妈打出的满分，我们心里别提有多高兴了！

首先，当然是因为你给我们打了满分，我们感到很自豪很骄傲！其次，当我们看到这份成绩单上每一个问题时，我深深感受到老师在用心教育你们，我为我的孩子有这样的好老师而庆幸！

接下来的几天，我拿着这份成绩单，反复地看。看着看着，我被你打动了！

妈妈发现，其实我还有一些做得不够好的地方。比如"爸爸妈妈会主动和我谈心"一条，有时候我不能耐心地听你说说心里话。你是一个感情丰富细腻的小女生，可妈妈有时候会指挥你做这做那，不能耐心听取你的意见。当你不愿意跟妈妈说出你的想法时，妈妈就会冲你发火。妈妈认为，这一点我和爸爸都需要改进。

亲爱的女儿，请你也来帮助我们，向我们打开你的心扉。爸爸妈妈非常愿意听听你的想法、你的感受。当意见出现分歧的时候，我们一家人也要心平气和地商量，我们保证会尊重你的意见。

女儿，在你成长的道路上，爸爸妈妈也可能犯错。但我们是一家人，爸爸妈妈爱你，你也爱我们，所以无论遇到什么困难，我们都在一起，我们会陪着你长成参天大树，成为栋梁之材！

芮彤爸爸妈妈

附 六

不一样的成绩单

五月份的一天，一凡妈妈参加完家长会后递给我一个信封样的东西，上面写着：家长成绩单。寄件人是王一凡。打开的同时扫了一下结果，38颗。心里想着："50颗满分，38颗，还可以嘛。"但当我把里面的内容认真逐行地看完后，我默然了，冷静了一会儿，然后对一凡妈说道："儿子打分还比较客观嘛。"说话的同时心里想着："儿子，打分可真不客气呀！"

说实在的，自己长这么大从来没有为分数发过愁，记忆中80多分都屈指可数，可看到这份儿子给打的成绩单时，一时竟有点不相信自己的眼睛，心里想着："我有这么差吗？我平时还是挺尽心、挺负责的呀。"不过，当我再把十项内容仔细看过后，我把一凡叫过来说道："一凡，尽管你给爸爸妈妈打的分数不高，但你很客观，很公正"。

童言无忌，儿童眼里的世界是最真实的。平时我和一凡妈妈都要上班，每天吃完晚饭、辅导完功课后就有点精力不济了，如果再碰上白天单位事特别多的时候，晚上就想靠着沙发待会儿。这时，一凡就说了："爸，你怎么又不看书了？光知道看手机。"我和一凡妈妈有过约定，回家后不看电视，尽量多看书，一凡知道这事，所以当我不看书的时候常拿此事来说我。过去我还挺有理由的，什么工作一天累了，什么大人和小孩不一样了……看了这份成绩单后，我和一凡妈妈商量，以后回家后有精力的时候就看书，累了就躺着休息一会儿，避免在儿子睡觉前看手机和iPad。

关于谈心，我觉得我们平时还是挺注意的，时不时地会和孩子聊一聊，那为何只有两颗星呢？一凡说："你们说的次数不够多，时间也不够长。"哦，原来是这样的，多么认真的孩子。我们向一凡保证，今后要常和他谈谈心，时间也要够。

说到零花钱，我们一直没有给过。过去，我们不想让一凡过早地有金钱的概念，但既然老师把这个作为一项考察的内容，肯定有其道理。我和一凡妈妈商量后，决定以后逐步给他一些零花钱，循序渐进地让一凡了解钱，知道挣钱的不易，懂得珍惜生活。

还有好多话要讲，还有好多感触想说，一份儿子打的成绩单，一份不一样的成绩单，让我思索良久，更促使我反省和改进。成绩不仅仅是差距的体现，我更愿意从成绩中看到前进的目标。

做家长是一门学问，做好家长是一门大学问。珍惜和孩子相处的时间，享受孩子成长的每一天，让我们和孩子一起长大吧！

一凡爸爸

附 七

拿到家长成绩单后的感想

从来没有想过孩子会给我们打分这个问题，尤其还是以这种背对背的方式。去开家长会之前，孩子只透露给爸爸妈妈打分了，但并没有透露详情，我开玩笑说："宝贝，你不告诉妈妈得多少分，妈妈心里没底，分数太低我可不好意思去开家长会了。"没想到女儿安慰我说："妈妈您放心去吧，这次分数低，下次改好了，提高了就行，我是按照万老师的要求认真地给你们打的分。"好吧，就让我怀揣着"小兔子"去学校吧。原来面对孩子送的大礼——"家长成绩单"，我也没那么自信。

家长会上第一件事就是迫切地看看自己的成绩如何。家长成绩单是一封非常精美的信，首先看了下封面，得分：46。心想：坏了，没及格！后来听万老师说满分是50分，长吁一口气：哦，是百分制的92分，还行。看来，无论多大年纪，作为被打分的，心里总会有些小忐忑。感谢家长成绩单，让我们做父母的也换位体会一下孩子们等待考试成绩的心情。

打开成绩单，进行仔细阅读，发现失分项有两项，分别是第一项和第七项。回家后和女儿开始了沟通："孩子，你能跟妈妈说说你是如何给爸爸妈妈评分的吗？"女儿说："妈妈，我是按照评分标准打的，大部分的题，您和爸爸都做到了，只有第一项和第七项有些问题。第一项中，您和爸爸坐沙发的姿势还不够优雅，您有时跷二郎腿，爸爸有时将脚丫子也放到沙发上。还有，你们有时当我的面讨论问题的声音太大了，我头都晕了。第七项是关于零花钱的，虽然我不需要钱，但您确实没给过我零花钱。"呵呵，孩子的心里跟明镜似的，说的这些问题确实存在，心服口服呀！

家长会的当天晚上，孩子爸爸回来后，我们三人一起讨论如何改进，确定了改进措施。我们让孩子打分和记录，如果我们坐沙发的坐姿不优美，发现了随时指正，并记一次黑星；讨论问题声音过大时，也采用同样的记录方式。当黑星达到五颗时，就要像一休哥一样擦地一次。零花钱马上开始给，一周十元，并指导孩子做收支表，合理使用。

作为家长，我们经常要求孩子，希望孩子成为我们心中很棒的孩子。通过这次活动，体会到孩子也希望我们成为他们心中很棒的父母。孩子，让我们一起加油吧！

周易妈妈

附 八

看成绩单后的感受

上周开家长会时,看到了濛濛给我打的成绩单——41颗星,在了解了项目和评分标准后,心里顿时有些感触,觉得孩子打的分还是很公正的。

平时在家里,我有的时候说话声音大了,嗓门高了,孩子就认为我们争吵了。现在想想,自己做的的确不妥,对孩子也不应该太大嗓门,可是有的时候说她不听,我就不由地声音高八度。这点我应该改进。在阅读方面我做得也不够,让孩子读书的时候,自己却在做别的事情。在这点上,和孩子沟通好后,我要加以改进。和孩子一起读书,不仅能丰富知识,同时还能增进感情,作为妈妈的我要坚持下去。

关于零花钱,我是真的没有给过她。我认为,每天接送孩子,她需要的都给她买好,不需要给她零用钱。现在想一想,是该给她一点啦。让孩子自己支配零花钱,从而让她明白什么该买,什么可买可不买,什么根本不需要买。

最后在第八条、第九条上孩子各给了三颗星。关于第八条,事实上,有很多事孩子都会做,并且做得很好,可我有时还是会一手包办,剥夺了孩子自己动手的权利。现在想想,这也是一种溺爱呀!孩子总会有一些不好的习惯,虽然嘴上是给她讲道理,但有时一烦还是会直接制止,态度强硬,语言表达也没有技巧,还是应该再多一些耐心,用自己的一言一行教育孩子。

每一位妈妈都深深地爱着自己的宝贝,可有些事情说着容易,做起来难,坚持更难,总有些做得不妥的地方。每个孩子都有自己的优点和缺点,我要和孩子一起进步,共同成长。

雨濛妈妈

附　九

给女儿的一封信

亲爱的女儿：

当看到你为爸爸妈妈打分的成绩单时，妈妈心里很是失落，也很无奈，更深感内疚，也深刻地感到我在女儿心里是这样一个不称职的妈妈。为此，妈妈好几天没睡好觉。这并不是因为你给妈妈打的分很低，而是因为妈妈很自责，我在很多方面做得不够好。

女儿，我最大的愿望就是好好培养你。父母是孩子的一面镜子，家长的言行举止在潜移默化地影响着孩子；孩子也是父母的一面镜子，每当看到你表现不好时，我就责怪自己没把你教育好。孩子，不是你的错，都是妈妈的错，妈妈每天都在为我们之间如何相处、怎样相互理解而纠结。

女儿，妈妈是名护士，经常要上夜班，爸爸又天天工作到很晚。我多么希望能同许多家长一样，天天守护在你的身边陪伴着你、呵护着你，同你一起看看书、看看电视，陪你聊聊天、散散步、说说心里话，过最普通的生活，那可是妈妈的梦想呀！妈妈是一个平凡的护理工作者，我用真诚的爱去抚平病人心灵的创伤，用火一样的热情去点燃患者战胜疾病的勇气。然而，在教育女儿方面，我却是那么自惭形秽。以下是我对打分情况的分析。

在陪伴你阅读和看新闻方面，只要我不上夜班，睡觉前我都会给你讲故事。你在学校看到喜欢的书，妈妈会赶紧买给你。有时为了能让你安静地看会儿书，我会尽量放下手中的活，拿起书陪着你一起看，因为妈妈知道培养孩子阅读习惯的重要性。妈妈每天下班回到家都是晚上七点多了，早已错过新闻的时间，所以很少能陪你一起看。即使是在休息的时候，为了能让你加强身体锻炼，放学后也是带你复习完功课，就抓紧时间出去运动了。谈心方面，你给我打了一颗星，理由是你不知道什么是谈心。妈妈告诉你，每天带你运动、睡前给你讲故事时，我都和你聊天，问你的想法，问你在学校的事情，问你遇到了什么问题，怎样解决，孩子，这就是谈心。在主动跟老师联系和参加学校活动方面，妈妈确实做得不够好，以后这些我都会尽量去做好。

在今后的日子里,我希望同你一起成长,一起进步,并希望你也能理解妈妈。感谢万老师能给我们一次能这么深刻地与女儿交流的机会,这次孩子对我们的评价,给我们上了深刻的一课,同时也让我们意识到了自己的很多不足。这种给家长考核的活动很好,既让孩子享受到平等的待遇,也同时让家长了解到自己还需要在哪方面多加努力。相信通过这次考核,我和孩子会越走越近。

最后,谢谢你,女儿,你很诚实地为我们打分,我会永远珍藏你对我们的评价!我也会向一个尽职的妈妈的方向努力!爱你的妈妈。

慧羽妈妈

博客回应

慧羽妈妈,看着您写的这封给女儿的信,颇有感触。也许是我太感性吧,也许是对职场母亲身兼数职的理解,尤其您工作那么忙,真的很不容易!在孩子成长的过程中,因为我们的懵懂和无知,总会留下一丝丝遗憾和无奈。这一点,无论是全职妈妈,还是职场中人,都是一样的!想对您说,不必太内疚,不必太自责,有时间的时候多陪陪孩子,给孩子说说您的工作。如果可以,带孩子到您工作的医院去看看,让她看看您给病人打针、换药、做各种护理。每个孩子都有一颗善良的心,相信我们的小慧羽一定会非常佩服妈妈的专业素养,会理解妈妈,为妈妈感到骄傲,对妈妈肃然起敬的!教育孩子是一个过程,在这个过程中,我们不必追求完美的结果,只需追求一个美的、快乐的过程就好了。这是我最近看的一本书上说的,希望对您有帮助!

——芮彤妈妈

第六章
亲情绽放

子欲养，亲不待

2012 年 9 月 15 日　星期六　晴

今天参加了侄子的订婚仪式。印象中，他还是个毛头小子，在敬酒的一瞬间，我忽然发现，他俨然是一个有担当的男人了！真心祝福他们幸福！

令人遗憾的是，父亲再也不能亲临现场享受这份幸福。83 岁高龄的父亲在假期时与死神擦肩而过，本来整整齐齐的牙齿在一个月里，上牙只剩下四颗了！眼见着父亲那无法阻止的苍老，心里酸酸的。为了证明他的"康复"，虚弱的他硬撑着让张姐扶着站起来一下给我看，目的只有一个：让我安心工作，好好待那些"小豆包"们。

父亲生病之前，最大的幸福就是听我讲发生在班里的趣事。可能是因为暮年之人渴望新生吧！他的记忆力极好，班里孩子的名字，他记得一大半。每次见我，就迫不及待地催我，快讲，快讲！

离开家时，爸爸睡下了，躺在床上，瘦瘦小小的。从 150 斤到 100 斤，看着他的消瘦，我却无能为力，每次离开都会泪流满面。

爱自己的家人吧，这是最没有办法等待的一件事！

博客回应

把小家放在一边，而将生活的大部分融入到大家中去，身为老师的您，让我们无与伦比地尊敬。一个能这么喜欢孩子们、把听孩子们的趣事作为生活一部分的老人，一定也是个热爱生活的人，上天会眷顾他老人家的。万老师，您也别太辛苦了，好不容易有个周末，一定要好好休息！

——泊然妈妈

收获的喜悦

2012 年 9 月 30 日　　星期日　　晴

　　每逢佳节倍思亲。今天是中秋节，我早早地回到父亲那里。上午，大哥、二姐、张姐和我为父亲包了小饺子，一口一个的那种，父亲吃得很香。看他精神还好，就劝他坐一会。父亲点头，我把他扶起来，与他一起临窗而坐，沐浴在阳光中，谁也不说话。屋子里静得出奇，我们就这样默默地互相注视。此时心静如水，心里和眼里只有父亲，我们被午后的阳光包裹着，暖暖的！

　　下午回到婆婆家，我们和姐姐家三口一起去爱人的姑姑家。一进门，满是收获的喜悦！屋前的凉台上，整整齐齐地码放着金黄色的玉米，院里有一小块菜地，深绿色的大白菜欢喜地生长着。翠绿翠绿的芹菜，散发着浓郁香味的香菜，都像是 T 台上的模特，竞相展示自己曼妙的身姿。我们迫不及待地拔下一些，准备拌老虎菜。豆角架上垂下长长的、颗粒饱满的豆角，有绿的、紫的，一簇簇的，勾起人采摘的欲望。西墙边有三棵向日葵，葵花头已经深深地垂下来。姑姑说，这是特意留给你们的，快去砍下来吧！说着，姑父不知什么时候已经把葵花头递到我们面前，我们几人迫不及待地一人摘下几颗瓜子，乐不可支地嗑了起来。这瓜子仁甜甜的，嫩嫩的，别有一番风味。正吃着，大姑把一个大大的倭瓜拿过来，倭瓜透着成熟的黄色，长长的，脖子弯弯的。这种瓜最适合蒸着吃，面且甜。

　　房前看罢，转身到屋后。屋后有几棵枣树，枣树不很高，火红的枣子挂满枝头。我们体味着寻觅的快乐，不停地把摘下的枣子往嘴里送。这枣子又脆又甜，孩子们兴奋地在树下奔跑，想各种办法摘下自己心仪的枣子。爱人身轻如燕地攀上树去，找到最好的枣子，不顾其他人的嫉妒直呼我到树下，一颗一颗小心地扔到我的手里。我美滋滋地吃着，一直甜到心里！

　　在姑姑家"扫荡"一番，满载而归回到婆婆家。我们轮番下厨，展示自己的拿手菜。姐姐开始切月饼，这是我们家的惯例，每年都买一个大大的月饼，然后按家中的人数切开，全家共享。明月，美酒，家人，何其美哉！

和公公婆婆吃完团圆饭，我和爱人漫步到公园。月很圆很亮，公园很静，偶尔有散步的人擦肩而过。岸边的灯光倒映在水中，与月光交相辉映，使人遐想联翩。我习惯地把手伸到爱人的手心里，我们就这样牵着手，和月亮同行。

好温馨的家庭生活！

——天翊妈妈

乌龙峡谷

2012 年 10 月 3 日　星期三　晴

一天早上，我们驱车前往乌龙峡谷。

一路上依山傍水而行，相比昨天，秋意更浓了一些。两边山的颜色更深了，河边杨树的叶子呈现出明黄色，越发衬出天的湛蓝。我们呼吸着新鲜空气，趴在车窗上欣赏着沿途的景色，生怕不小心错过什么。车行半小时左右，来到乌龙峡谷的入口。

顺着栈道前行不远，看到乌龙潭。潭水碧绿，并不很深，峡谷不宽，但远远望去很长。栈道依山而建，怪石嶙峋。边走边寻找着不同深浅、不同形状的红叶，把品相好的用小本子夹起来收在包里。河道中的石头有的被冲刷得光滑圆润，能看出这里水势曾经的汹涌。两边牌子上的解说述说着这里历史的久远，再看河道中的石头，仿佛看到不同年代留下的水印。越往里走，景色越迷人。人们纷纷驻足，四下欣赏，孩子们则尽情玩水。我走离栈道，在一处石头上休息，忽听有人喊我——巧了，两个曾经的学生（现已升入五年级）也和父母来这里玩了，我们赶紧拍照记录偶遇的瞬间。

不知不觉被大部队落下，一路追赶，看到孩子们收获颇丰，两手举着红叶、芦苇、高高的不知名的野草、蚂蚱。就这还不知足，他们的眼睛还在四下寻找，不时发出惊讶之声。

走出峡谷已是三小时之后，午饭我们预定了排岭村的地锅鱼。到达时，那里已经车水马龙，道路两边特意盖起的土坯房挂着红红的辣椒、金黄的玉米，还有大灯笼。和店主人打了招呼，我们被安排在三号桌。穿过养鱼池，来到临河的一处房子，里面已经坐满了人，不时飘出诱人的香味。服务员引我们来到桌边，这里已经沿着锅边摆上了红红的、甜甜的蒸倭瓜，芥末菜，炖豆角，炸河虾，香酥鲫鱼，玉米饼，葱花饼，咸菜叶，还有棒米粥。我们急不可耐地掀开中间大锅的锅盖，一股鱼香扑鼻而来。再看这几个人，早已经没有了矜持，纷纷下筷捞起鱼肉就往盘里装，再没有什么能吸引他们了。

地锅鱼是用农家的大铁锅放上简单作料用木柴慢炖而成，里面的鱼、豆腐、蘑菇味道互相渗透，你中有我，我中有你。我不和他们抢所谓的好鱼肉，独独吃着锅里已经炖进味道的大蒜和被他们"遗弃"的鱼头，足足吃了三个鱼头。锅里的鱼每条都得有30厘米长，吃完还未尽兴，把葱花饼泡进去，又放上一些土豆、菠菜、蒿子秆、茄子干、萝卜、宽粉，一锅浸透鱼香味的大炖菜吃得人满口留香。最后喝上一碗棒米粥，吃得酣畅淋漓。

这时，孩子们已到外面和红蜻蜓玩得不亦乐乎！

沐浴着午后的阳光，我们开始往回走，车开得很慢，总想把美景多留在眼中一些，来年我们还会来！

写给天堂的妈妈

2013 年 4 月 4 日　星期四　雨

妈妈，您在那边过得好吗？我来看您了！

我已行进在路上，与您近一寸，思念便增一分！我以为，随着时间流逝，随着工作日渐忙碌，我会放下，会坚强起来，可是我不能！您是我不能割舍的痛！至今，我没有办法平静地读完表达母爱的文章，没有办法平静地聆听同事讲述母亲对她的宠爱。满眼、满心、满脑都是对您的思念！这种思念如潮水一般涌来，一浪又一浪。我时常不能自已，又不愿让别人发现。我隐忍、克制，今天终于可以投入您的怀抱，可以让我肆意宣泄！

两年一个月零七天，没有了您的宠爱，我的心似被掏空。曾一度抱着您的照片入睡，又几度梦中惊醒。不管是什么样的梦，您打理的小院永远是这梦的背景。院落南边是一个菜园，西北角两畦韭菜，东北角有茄子、青椒、西红柿，南面是豆角、黄瓜、白菜。桃树、花椒树、香椿树、榆树、槐树是菜园的围栏，其间点缀着各种花草。院落北面是兔子、鸡、鸭的领地。每天清晨，太阳刚一露头，小院立刻生机勃勃。

小时候的我精力极其旺盛，您总是说第一声鸟叫就是我的闹钟。我一醒来就会用指头搔搔您的头发，不管多么疲倦，您都会给我穿好衣服带着我到院子里，主要是怕惊扰熟睡中的爸爸和哥哥姐姐。我会和您一起喂兔子、喂鸡、喂鸭，给花和菜浇水，和您一起嗅一嗅花的香气。少不更事的我，有爸爸一样火爆的脾气，生气时打不到别人就咬自己。您总是把我揽在怀里，在那里，我感到是那样的安全。您揉搓着我的手，让我慢慢平静，然后像讲故事一样把我的错误指出来。看着您因操劳过早染白的两鬓，以及额头上布满的皱纹，我在心里暗自发誓，不再惹妈妈生气。

您戏称我是您的尾巴，您走到哪，我就跟到哪。我最喜欢的事就是和您一起串朋友、走亲戚，每到一家都会受到亲戚、朋友的热情招待，还会带回一大堆好吃的东西。即使这样，我还闹着和您要奶妈，因为看到哥哥姐姐都有奶奶，每到过年过节，他们都会到奶奶家，我就羡慕不已，我总是追着其中一个人跟着去奶奶家玩。虽然您心里很失落，可是从来不表现出来，任我跟着哥哥姐姐走，回来依然对我关爱备至。记得都很大了，您和爸爸还喜欢闻我的臭脚丫，让我自以为每个人都喜欢我的臭脚丫。当有我特别喜欢的人来家做客时，我会不由自主地把臭脚丫抬起让人家闻，弄得人家很尴尬。我才知道，原来，这种爱只有在爸爸妈妈这里才可以得到！

您是我最忠实的听众，无论我讲什么，您总是用欣赏的眼神看着我，讲到高兴处，能看到您眼中的光彩，听到您爽朗的笑声；讲到伤心处，我们一同落泪。姐姐笑言，我们俩的泪腺是相通的，我哭泣，您落泪。现在，每每放学看到奶奶、姥姥们来接孩子，我就会联想到您，就有一种温馨的亲近感，我应该也有义务让本该安度晚年的她们放心！也许一个微笑、一句安慰会让她们快乐一个晚上吧！

妈妈，我现在过得很开心，哥哥姐姐们都非常幸福，爸爸也安好，虽然身体大不如前，但依然乐观、开朗。只是我对您的思念一分也不曾减少，经常从心灵中把您请出来，好像您就坐在我的面前。我把我的快乐和伤心向您述说，您是否听见？我爱您！

您手上的裂口还疼吗？还记得微弱的煤油灯下，您一针一线到天明，我和哥哥姐姐就能穿上一双双新鞋。寒冷的冬天，您会拉着我的手从井里挑一担水回家为全家人做饭。带着冰碴的水让您不得不洗一会儿菜就把手伸到炉火里烤一下，双手被冻出一道道口子，我心疼得大哭，您却依然笑着。苦难时节过去，虽然落实了政策，可是为了这个家，您依然办了提前退休，让我有机会和您相伴。

妈妈，又要离开您了！舍不得，舍不得……看，我哭泣，您又在流泪了，您的泪浸湿了我的衣衫，也浸湿了大地！

  最是难舍母爱的博大深沉,所谓厚德载物也不过如此吧!母亲是孩子心头永远的惦念,今天的我们也走在同样的路上。我们知道母亲的期望,因此要把她的爱继续延续,继续播撒,让爱的温暖在人间传播,因为这是母亲的盼望。

——芮彤妈妈

  子欲养而亲不待!最痛苦的事莫过于此。

——佳轩妈妈

  很久没来了,流着泪看完的。记忆中,她似乎不曾年轻过,永远是满头银发、精神而干练的老太太,许是过去沉重生活的积淀吧!

——盛夏依然有雪

富有＝？

2013年10月7日　星期一　多云

远离了喧嚣，恪守这份宁静。

清晨，阳光倾泻进屋子里，只听到钟表的滴答声和洗衣机柔柔旋转的声音。女儿在屋子里做着自己的事情，我要习惯信任她，不轻易打扰她。

昨天从奶奶家回来的路上，女儿没头没脑地问了我一句话："妈妈，奶奶家很富有吗？"我随便应了一句："还好呀！"女儿自言自语道："怪不得呢？奶奶家住那么好的房子！"我回头看了看她："怎么解释？"女儿羡慕地说："奶奶家的每个门上都有锁。"

富有＝房门上有锁？

我用数学思维快速转换着这个等式。女儿长大了，对于她来说，最需要成长的私密空间，有了它就有了一切，也就是最富有的人！我们家里的房门没有安锁，是因为在她小时候怕她淘气把自己反锁在屋里出危险，就把所有的锁都卸下来了。此一时，彼一时。女儿需要锁的时候，我就会为她筑一道心理的安全线。还没等我动手，女儿已经开始为自己谋划。她找了一条漂亮的丝线，在门把手上系上了一个漂亮的蝴蝶结，算是自己设计的"锁"。我又一次尊重了她，拿出《亲爱的安德烈》和《爱要一生的惊艳》开始捧读。

我要和女儿一起成长！我也要努力学会可以淡定地去面对她惨痛地摔倒，然后坚强地站起，而不去干扰她的成长！

"我也要努力学会可以淡定地去面对她惨痛地摔倒，然后坚强地站起，而不去干扰她的成长！"学习了！

——梓华妈妈